世界高端文化珍藏图鉴大系

天工雕琢

观赏石

收藏与鉴赏

ORNAMENTAL STONE

苏　易/编著

新世界出版社

图书在版编目（CIP）数据

天工雕琢：观赏石收藏与鉴赏 / 苏易编著. -- 北京：新世界出版社，2016.6

ISBN 978-7-5104-5694-7

Ⅰ.①天… Ⅱ.①苏… Ⅲ.①观赏型—石—收藏②观赏型—石—鉴赏 Ⅳ.① G894

中国版本图书馆 CIP 数据核字 (2016) 第 100925 号

天工雕琢：观赏石收藏与鉴赏

作　　者：苏　易
责任编辑：张杰楠
责任校对：姜菡筱　宣　慧
责任印制：李一鸣　王丙杰
出版发行：新世界出版社
社　　址：北京西城区百万庄大街 24 号（100037）
发 行 部：（010）6899 5968　（010）6899 8705（传真）
总 编 室：（010）6899 5424　（010）6832 6679（传真）
http：//www.nwp.cn
http：//www.nwp.com.cn
版 权 部：+8610 6899 6306
版权部电子信箱：nwpcd@sina.com
印　　刷：北京市松源印刷有限公司
经　　销：新华书店
开　　本：787 × 1092　1/16
字　　数：270 千字
印　　张：16
版　　次：2016 年 6 月第 1 版　2016 年 6 月第 1 次印刷
书　　号：ISBN 978-7-5104-5694-7
定　　价：128.00 元

Foreword
前言

观赏石被誉为“立体的画，无声的诗”，从古至今，一直备受世人钟爱与向往。它仿佛大千世界的缩影，一石一天地，一石一世界。它又宛若一部浩瀚的天书，记载了大自然的沧桑变故，人世间的波澜沉浮。把玩观赏石可以从中体味大自然的奥妙，洞察人生的真谛。我国地域辽阔，地质环境复杂多样，因此观赏石资源非常丰富。用观赏石来装点生活空间，可以美化生活，陶冶情操，使人在文化氛围中得到美的享受。

观赏石是大自然赐给人们的珍贵艺术品，它的历史非常悠久。石头比人类的诞生要早得多，人类诞生之后历经了漫长的石器时代。早在先秦时代，赏石、藏石活动就已经出现了。秦汉时期，赏石文化得到了发展。魏晋时期，石头不再仅仅用于园林造景，开始渐渐成为独立的观赏、把玩对象。隋唐时期，收藏、赏玩观赏石之风盛行起来，赏石文化逐渐成为中国传统文化的重要组成部分。宋元时期，赏石文化得到了大发展，形成了收藏、鉴赏观赏石的一个小高峰，观赏石行业兴盛起来。明清时期，赏石文化蓬勃发展，并达到了巅峰。到了今天，赏石活动进入了一个崭新的时期，赏石文化得到了前所未有的弘扬和普及，并不断创新，继续发展。

如今，人们的生活水平不断提高，对文化生活提出了更高的要求，雅致古朴的观赏石吸引了人们的目光，越来越多的人加入了观赏石收藏行列。本书是专门针对赏玩、投资、收藏观赏石爱好者而打造的一本精美且实用的观赏石收藏、鉴赏指南。本书内容丰富，叙述深入浅出，图片精美，集科学性、艺术性、趣味性和可读性于一体。

由于编者水平有限，书中难免会有疏漏之处，敬请广大读者批评指正，以便再版时加以修正。

目录
Contents

上篇　观赏石综述

Contents

Contents

下篇　观赏石详解

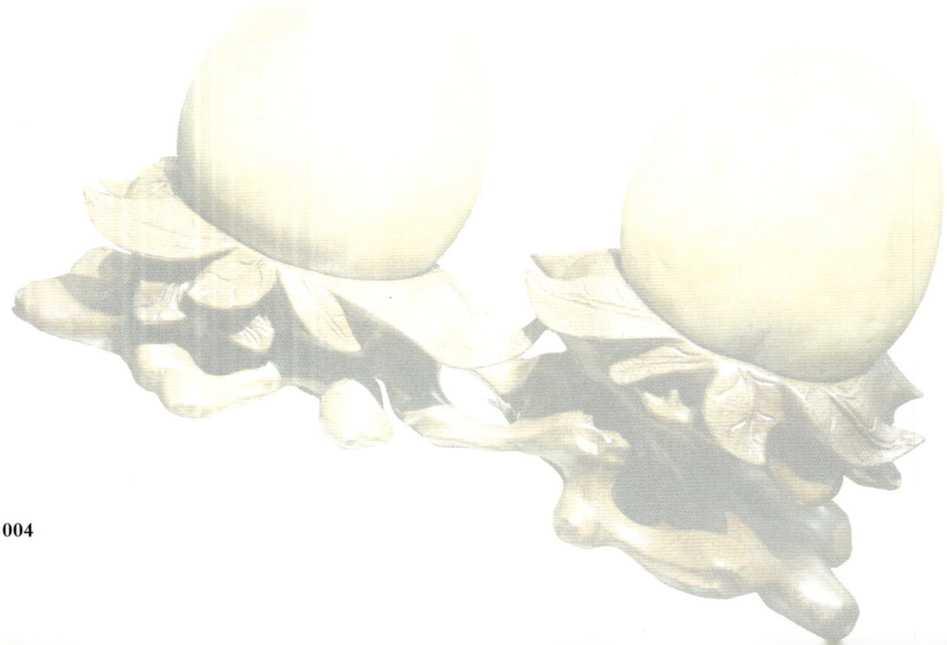

上篇

观赏石综述

第一章 天赐珍奇——观赏石概说

◆ 观赏石的简介

观赏石是指具有观赏性或具有观赏价值的石头，包括工艺石和非工艺石。经天然形成、大自然雕琢洗礼，在质地、造型、石色、纹理、图案等方面具有一定特色，适宜观赏、把玩、收藏、研究的各种石头称为非工艺石，或称为观赏石、自然石等；经过人为打磨、雕刻等手段改变石的原有形状及颜色的，称为工艺石。

黄昏

石种：国画石

尺寸：18cm×6cm×25cm

参考价：1500~2000 元

雅韵

石种：草花石

尺寸：不详

参考价：800~1000 元

观赏石是在亿万年间的各种地质活动的作用下生成的，经过自然界的洗礼，形成了今天丰富多彩的模样。它们有的结构紧密，造型千奇百怪，有的图案神秘莫测、千姿百态。人们观察、欣赏这些观赏石奇特的造型、美观的纹理，可产生种种联想，使身心获得愉悦，还可通过思索和考证，启迪心智。

高山流水

石种：乌江石

尺寸：28cm×13cm×28cm

参考价：3500~4000 元

在我国古代，观赏石又被称为供石、珍石、石玩等，今天的观赏石文化就是在古代传统赏石理论的基础上发展而来的。近几十年来，我国的经济、文化不断发展，观赏石文化的内涵不断丰富和深入，人们对观赏石的要求和鉴赏标准也产生了很大变化，关于观赏石的概念也与古代有了明显的不同。在新时代的文化环境中，人们赋予了观赏石文化更多的内涵。

◆ 观赏石的成因

观赏石是记录地质变化最好的史书。因为观赏石是由于内力地质作用与外力地质作用形成的，所以其色彩、纹理和材质有着各自的特点。

观赏石的特性

第一，天然性。观赏石美在自然，妙在天成，它一直保持着天然形态。

第二，奇特性。是指石头在形态、质地、色彩、图案及内部特征等方面与众不同，韵味独特。

第三，稀有性。是指观赏石的产出量少，具有“唯一性”。

第四，可采性。是指自然界的观赏石可以被人们开采利用。

第五，区域性。是指由于产地的不同，观赏石具有鲜明的地方特色和风格。

第六，艺术性。是指观赏石的色泽、形态、纹理、质地等非常美丽，让人赏心悦目。

第七，科学性。是指观赏石蕴含着深奥的科学知识，在科学研究方面具有重要的价值。

第八，商品性。是指观赏石作为特殊的矿产资源，具有一定的经济价值。

寿桃

石种：长江红

尺寸： 33cm×30cm×36cm

参考价：1 万 ~1.2 万元

观赏石主要是在地质的内力和外力的共同作用下形成的。内力地质作用是观赏石形成的直接因素，如岩浆活动、地震作用、变质作用、地壳运动等；外力地质作用则包括了搬运、沉积、风化、剥蚀、固结成岩等间接因素。

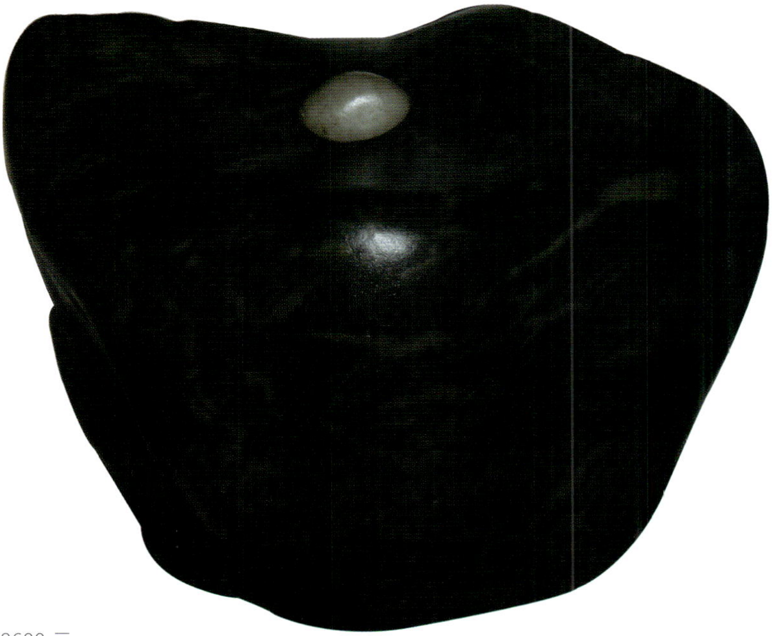

元宝

石种：乌江石

尺寸：不详

参考价：2000~2600 元

龙摆首

石种：云锦石

尺寸：18cm×15cm×26cm

参考价：800~1000 元

色彩的成因

石中矿物的色素粒子、致色元素和带色矿物决定了观赏石的颜色。矿物元素可以使岩石致色，鸡血石的红色就是辰砂的色泽，属于带色矿物，孔雀石的绿色及蓝色是铜离子致色。

纹理的成因

观赏石的纹理与岩石的成因及各种地质作用关系密切。变质作用、岩浆作用、沉积作用、构造作用都可以使石头形成不同的纹理图案，菊花石的“菊花”是蚀变的产物。

材质的成因

观赏石的质，指的是观赏石本身的重量和总体的质感。决定观赏石的质的因素有岩石的化学成分、物质组成和结构构造，此外，地质活动亦会使矿物重新结晶排列，影响观赏石材质，戈壁石就是地质活动的结果。

乐在其中

石种：云锦石

尺寸：12cm×9cm×21cm

参考价：1000~1500 元

◆ 观赏石的类别

在中国，采集、观赏、利用观赏石的历史已有数千年，国人搜石、藏石、品石的风气一直非常浓厚，并逐渐发展成了别具一格的中华观赏石文化。在浓郁的文化氛围的影响下，历代观赏石爱好者对观赏石进行了系统的分类。

一帆风顺

石种：武陵石

尺寸：28cm×11cm×32cm

参考价：1.2 万 ~1.5 万元

由于观赏石成分复杂、成因各异、产出形式丰富、种类多样、造型变化万千、各具特色，加上各地为了宣传本地观赏石，随意取名、归类的现象很多，使得观赏石分类命名不标准、不统一。据统计，中国的观赏石品种已逾千种。现今国内观赏石专家提出了几种观赏石分类命名的方法，这在一定程度上促进了观赏石的发展，但是还是不能满足观赏石文化发展的需求。

按观赏石产出及形态划分

有一种分类方式是主要依据观赏石的产出背景、形态特征及所具特殊意义等几方面差异，将观赏石分为造型石、纹理石、矿物晶体、生物化石、事件石、纪念石和文房石七类。

琼台仙境

石种：武陵石

尺寸：23cm×9cm×26cm

参考价：6000~8000 元

灵山圣景

石种：淄博文石

尺寸：65cm×40cm×51cm

参考价：6000~8000 元

1. 造型石

造型石是观赏石界最有影响力的一类观赏石，通常是一些造型奇特的岩石，具有立体的形态美，其特色是造型千奇百怪，追求的是形似的韵味，形态大小不一。其形成一般与各种外力和地质作用有关。由于产出环境的不同，造型石往往带有鲜明的地域特点，如江苏太湖石、安徽灵璧石、桂林钟乳石、内蒙古风棱石等。

福寿绵长

石种：大化石

尺寸：19cm×9cm×35cm

参考价：1.5 万 ~2 万元

2. 纹理石

纹理石的最大特色就是具有清晰明显、美丽奇特的纹理或层理、裂理、平面图案。纹理石的石面上多有天然形成的艺术图案，这种图案是由于岩石本身的特性形成的。纹理石天然形成的象形图案，能带给人强烈的视觉感受。著名的有南京雨花石、宜昌三峡石、柳州红河石等。

3. 矿物晶体

近年来矿物晶体在收藏界引起了观赏石爱好者的广泛关注。它是指漂亮的完整单晶、双晶、连晶、晶簇或稀有品种的微小晶体，包括雄黄、雌黄、辰砂、辉锑矿、水晶、萤石等。

4. 生物化石

生物化石是在地质历史时期形成并保存于地层中的生物遗体、遗迹或遗物等。因保存类型不同，可分为实体、模铸、印痕等化石。化石在科学研究方面发挥了很大作用，同时具有很高的观赏价值。主要的化石品种有三叶虫、昆虫、鱼类、恐龙蛋、植物化石等。

5. 事件石

事件石指的是外星物质坠落，火山、地震等重大事件遗留下的石体，或是某历史事件留下的有特殊意义的石体，如陨石、某次重大火山喷发的火山弹等。

6. 纪念石

纪念石是指历史上的知名人士、文人墨客收藏过的观赏石。蒲松龄、孙中山、朱德、沈钧儒、郭沫若等收藏过的砚台或观赏石，国与国之间赠送的月岩、南极石等，都包括在其中。

河蚌化石

太湖石假山

7. 文房石

文房石是具有一定实用性的石体。它同时也具有观赏价值，其中包括端砚石、昌化石图章、蝙蝠石、镇纸石等。中国文房石历史悠久，发展非常成熟。

按应用方式划分

1. 观赏石

此类石主要用于室内陈列布置或几案摆设。体积较小，移动方便，精致美观，通常会为之配上盘、盆、底座、架等附属物，具有较高的艺术价值和收藏价值，是观赏石交易的主要种类之一。

2. 园林石

此类石主要用于装饰庭院、公园，也可通过叠石造景、堆砌假山来点缀园林。它们体积较大，通常置于室外。典型代表有太湖石、英德石、灵璧石。

3. 盆景石

此类石是制作山水盆景等所用石材，主要用于装点室内。

寿山石镇纸

4. 工艺石

此类石是制作以人工加工为主成形的工艺品的天然观赏石的原料，如石刻、石雕、石砚、印章等。

5. 风景石

此类石一般为自然风景，它们体形庞大，难以采集搬运，如黄山奇峰、云南石林等。

黄山奇峰

按观赏石成因划分

观赏石还可以按成因分类，据此可以将观赏石划分为八类：沉积、变质、岩浆作用形成的，其中包括纹理石、菊花石、花纹大理石、幔岩包体、火山弹、

春晓

石种：国画石

尺寸：13cm×7cm×14.5cm

参考价：600~800 元

眼球状片麻岩等；结晶作用形成的斑斓瑰丽的晶体或晶簇，如水晶、萤石、多色电气石、辉锑矿、辰砂、雄黄等；各种成矿作用形成的美丽、独特的矿石，如自然金、自然银、自然铜、孔雀石及晶洞状、浸染状、皮壳状矿石等；风沙磨砺、水流冲刷作用形成的砾石或姿态万千的观赏石，如雨花石、灵璧石、英石、戈壁石等；地下水溶蚀、淋滤作用形成的怪石，如太湖石、昆山石、奇特钟乳石等；动植物遗体或遗迹化石，如鱼类、珊瑚、腕足类、爬行动物化石，包有昆虫的琥珀，硅化木等；构造作用形成的构造岩，如特殊的角砾岩、被颜色鲜明的矿物充填的碎裂岩等；天外来客，如陨石、月岩、雷公墨等。

神羊献宝

石种：沙漠漆

尺寸：18cm×9cm×18cm

参考价：8000~9000 元

以鉴赏的角度和形式划分

1. 天然观赏石

天然观赏石又被人们称为自然观赏石，是指自然界中的天然石头被原生态地开发、开采出来，不做任何人为加工的，保持了石头本身的自然形态的纯天然观赏石。人们所欣赏的是石头的自然之美，感叹的是大自然造化的神奇。天然观赏石是地球上最古老的天然“艺术品”，是“无声的诗、立体的画”，是大自然的杰作，是举世无双的。天然观赏石的作者是大自然中的火山、大海、冰川、风、雨、雷、电、岁月等，它记载了地球的历史，蕴藏着无数人类共同的宝藏。目前大自然中还有无数天然观赏石正等待人们去发现、认识、开启、欣赏、开发。

2. 石艺观赏石

石艺观赏石，是指以天然石头为基材，经人工设计、加工制作的观赏石。其既有观赏性，又有实用性。创造者以天然石头为载体，运用各种艺术手段，对自然石进行加工，赋予石头“生命与内涵”。石艺作品反映了作者的创作意图、审美情趣、审美观念、人生态度和价值取向。根据石艺观赏石的用途又可将其细分为石器、装饰石材、石雕石刻、珠宝首饰、玉器、文房石等。

旺旺

石种：乌江石

尺寸：34cm×12cm×32cm

参考价：9000~15000 元

天上人间

石种：大化彩玉

尺寸：18cm×11cm×37cm

参考价：6500~7000 元

一马当先

石种：吕梁石

尺寸：45cm×17cm×36cm

参考价：5000~8000 元

◆ 观赏石的采集

观赏石来自山上，来自河流，来自海洋，来自晶洞。观赏石采集是获得观赏石的重要途径，不同的观赏石采集方法有所不同。观赏石的采集方法类别包括水石的采集、山石的采集、矿物晶体石的采集、生物化石的采集等。

山石采集

山石指产于岩石、山体或土中的观赏石。采集山石的时候要注意人身安全，须准备一些铁锹、绳子之类的采石工具。山石采集主要依靠挖掘的方法，这样有利于保存原石的完整和保护自然环境。采集的部位和角度要明确，千万不要破坏观赏石的观赏价值。政府明确规定禁止采集的山石，不要肆意乱采。

农家小院

石种：吕梁石

尺寸：80cm×30cm×35cm

参考价：8000~1.3 万元

大地风云

石种：山水彩石

尺寸：49cm×12cm×25cm

参考价：8000~9000 元

水石采集

水石顾名思义就是在水中产的石头。水石大部分产于河流、湖泊、浅海等地，采集水石的主要手段为捡拾，一般用小铲、小锹等作为辅助工具。河流水石的采集应该注意枯水期和丰水期，绝大部分水石都在江河湖滩上，对于滩多水浅的河流，暴雨过后是采集观赏石的最佳时期。

紫色萤石

生物化石采集

生物化石采集需要具备一定的地质学和古生物学基础知识，在采集化石的时候必须确定地层年代。采集的过程中应尽量避免石块的碎裂，更不能为了运输方便将整块化石击碎。在采集古生物化石的时候，应该用棉花敷在采集后的化石上，用软纸包好，贴上标签。

矿物晶体石采集

矿物晶体分为单晶体和晶簇。晶簇一般比较脆弱，需要用石凿和撬杠将晶簇连同周围的岩石一起撬下，在岩石采下前将晶簇用柔软物质包扎好，以防破碎。

◆ 观赏石的配座

观赏石的配座对观赏石的整体影响很大，也是藏石爱好者鉴赏观赏石的重要内容。配座时需要综合考虑底座的材料、样式、大小等方面内容。下面我们从底座的作用、底座的材质、配座原则三个方面来介绍观赏石的配座。

达摩面壁

石种：沙漠漆

尺寸：42cm×11cm×18cm

参考价：6000~8000 元

临崖戏水

石种：吕梁石

尺寸：45cm×40cm×46cm

参考价：1.5 万 ~2 万元

配座的意义

底座对观赏石摆件有衬托、补充作用，因此配座时要注意，底座要与观赏石造型相协调，大小也要适宜，颜色不可太花哨，繁简适度，弥补缺陷。观赏石造型千变万化，为了更好地展现观赏石的美，使其以最好的摆放角度面对观赏者，就必须用底座将其固定住，这是底座最基本的价值。另外，观赏石往往被收藏家赋予一定的主题，表达一定的情感，有些观赏石可能比较抽象，主题比较隐晦，这时就更需要底座来衬托。底座可以使其摆件的主题更鲜明，如一方观赏石的主题是“吉祥如意”，我们就可以在底座上雕刻出蝙蝠纹或如意纹，使其寓意更突出。由于观赏石都是大自然的产物，不可能十全十美，底座可以掩饰或弥补观赏石的先天缺陷，完善观赏石的外形。

落英缤纷

石种：梅花石

尺寸：17cm×8cm×21cm

参考价：5000~6500 元

浪淘沙

石种：天峨石

尺寸：19cm×7cm×21cm

参考价：6000~8000 元

神韵

石种：临朐彩石

尺寸：22cm×8cm×18cm

参考价：3000~4000 元

底座的种类

底座的种类非常丰富，其中木座、水盘、衬板、几案四种比较常见。

观赏石配座最常使用的一种底座是木座，木座能很好地增强观赏石的稳固性，最上乘的木材质为紫檀木、红木，另外，黄杨木、枣木、榛木、柚木等也很常用。木座的具体制作步骤是：选材──►石底划线──►挖木座底──►锯边──►雕刻底座──►打磨──►上漆。

图案石、纹理石最适合使用水盘做底座，这一方面可以增添观赏石的美丽，另一方面还能水养观赏石，使得观赏石更加滋润。水盘的形状一般是长方形或椭圆形等，材质包括陶、瓷、铜等。制作时，盘底多铺以质地细腻、细小的白色石子，也有的铺沙。水盘的大小应与观赏石相称，这样看起来才协调。此外，观赏石在水盘里的位置没有固定规则，可以根据观赏石的主题进行调节。

衬板也是应用比较多的底座，多为木质或石质，用它安置造型石、图案石、

乘风破浪

石种：乌江石

尺寸：44cm×12cm×35cm

参考价：1.2 万 ~1.6 万元

天书

石种：泰山石

尺寸：18cm×9cm×16cm

参考价：1 万 ~2 万元

对石或组合石很适宜，可以很好地展现观赏石的整体美。由于衬板表面较平，因此比较适合放置石底平坦的观赏石，其形状也根据观赏石表现的主题而不同。

观赏石配座也常用几案的形式。除了把观赏石直接置于几案上，还可以在给观赏石配了木座、水盘后，再将其置于几案上。几案的款式很多，有高几、矮几、长案等，几案一般是木质的，主要使用紫檀木、红木、黄杨木、榛木、水曲柳等木材。

装座时，为使观赏石更加稳当，还需采取一些措施。小件观赏石一般用蜡黏合，中等的用竹钉固定，一般大型观赏石及高档观赏石都用木螺丝固定。

配座的原则

观赏石在配座时要遵循一定的原则，具体说来，就是视角要准确，不能喧宾夺主，要令主题明确，底座做工要精细，形体要匹配，色彩要协调，纹饰要呼应，意韵要吻合。观赏石摆放的方式也不相同，包括横置、竖置、倒置、斜置等，不论采取什么方式，最终目的都是为了观赏石的正面视角能反映其主题，突出其独特美。底座起的是陪衬作用，不可主次不分；座的风格要富有新意，或古朴深沉，或清新亮丽，突显鲜明的特色；底座要做工精美、细致，做到纹理清晰、细腻，色泽均匀、协调，另外，纹饰和色彩也要与其作品的主题相符；底座的大小和外形都要和观赏石作品相协调，颜色也应搭配得自然和谐，匹配得体、格调统一，才能具有更好的视觉效果；座与石的寓意和神韵应该保持一致，才能使观赏石的观赏价值更高，内涵更深刻，意蕴更生动，韵味更丰富。

百变随缘

石种：来宾纹石

尺寸：85cm×28cm×86cm

参考价：30 万 ~38 万元

曲项向天歌

石种：摩尔石

尺寸：33cm×12cm×36cm

参考价：6 万 ~7 万元

观赏石的陈设

观赏石陈设是一门艺术，需要注意选择合适的陈设位置、与周围的环境搭配和谐、空间利用得当等问题。通常有这样几个原则：大石放于庭院，中石置于几架，小石清供。

观赏石陈设有两种形式，一种是分类摆放，适用于展览会；另一种是混合摆放，适用于居家陈设。

观赏石居家陈设的时候，依据观赏石的体量选择放在几案上、置于地上或放在博古架上。陈设的时候，观赏石应与整体环境相协调。

第二章 源远流长——观赏石文化演绎

◆ 观赏石史话

石头是大自然带给我们的珍贵礼物，它比人类的诞生要早得多。我们和其他一切生物就生活在石头构成的“舞台”上。远古时期，人类利用石头制作的工具生存，石头也是人类最早的装饰物。在人类的发展过程中，石头始终发挥着重要的作用，从旧石器时代人们用天然石块作为劳动工具，到新石器时代人们把石头磨制成石斧、石刀；从远古时期以石头堆砌出简单的住处，到后世石头成为建筑方面的重要装饰材料；从先民用石头制作的简单饰物，到后来精雕细琢而出的各种工艺品。石头是人类文明传承和进步的见证者。石头更与中华民族有密切的联系，从神话传说里的女娲补天到今天的观赏石收藏，石头与中华民族的发展不可分割，是我国传统文化必不可少的组成部分。

春树暮云

石种：模树石

尺寸：23cm×12cm×15cm

参考价：600~800 元

雪豹

石种：蛋白玛瑙

尺寸：21cm×6cm×10cm

参考价：2500~3000 元

萌芽时期

石器时代诞生了人类文明，人类文明诞生之后又经历了漫长的石器时代。原始社会时期，人类利用石器进行生产生活，方方面面都离不开石器。到了奴隶社会时期，金属工具替代了石制工具，石器的实用功能减弱，进而出现了原始的对美石的欣赏，观赏石还被上贡给朝廷。远在商周时期，就已出现了以自然观赏石互相交易的活动。史料记载：周武王灭商时，得到了不少宝石、佩玉，这证明商周时期人们已珍惜美丽、奇特的石头，赏石文化开始萌芽。到了春秋战国时期，石头的神话色彩逐渐消失，皇亲、贵族人士开始普遍赏玩、收藏观赏石，但是社会中下层的百姓中几乎没有人赏石。

济公醉酒

石种：乌江石

尺寸：15cm×10cm×37cm

参考价：3 万 ~4 万元

在先秦时代，虽然关于石的文字记载很稀少，介绍得也不详细，但对美石的采集、欣赏、收藏活动确实已经出现了。《山海经》是中国最早的记录美石的古籍。春秋时代的《阙子》一书记载了当时普通百姓很少有赏石者，在民间人们把赏石者看成是“愚人”。《穆天子传》是战国时期的一部古书，介绍了很多神奇的神话故事，也介绍了一些关于美石的情况：周穆王将采集到的彩色石用于祭奠、分封的十分隆重的场合。《山海经》之后的《尚书·禹贡》被认为是先秦最富有科学性的一本地理典籍，书里记载青州有“怪石”，徐州有“泗滨浮磬”，因这两块石头美丽、独特而被人们赏玩，作为上贡之物。

综上所述，发端于上古传说的观赏石文化，在春秋战国时期有所发展，因此，我们把先秦时期看作观赏石文化的萌芽期。

望天

石种：墨金玉

尺寸：30cm×12cm×20cm

参考价：3800~4200 元

摇钱树

石种：菊螺化石

尺寸：50cm×14cm×70cm

参考价：4500~6000 元

发展时期

中国历史上第一个大一统时期就是秦汉时期，专制主义中央集权制度使得国力不断增强，社会文化迅速发展。此时期雄厚的物质基础使得社会上层人士有能力享受多彩的文化生活，在这样的大环境下，观赏石文化渐渐发展起来。此时期的观赏石多为皇家贵族的园林服务，从秦汉时期的文献记载中我们可以得知，秦朝建的阿房宫，汉朝建的未央宫、上林苑，其中不少景致都是用观赏石堆砌、装饰的。而一些贵族的私人园林内，也有很多奇特的观赏石。中国石雕艺术就发源于秦代，在石雕的基础上秦汉的赏石文化迅速发展。西汉时期，建造园林时，用石头堆砌成假山，蔚然成风，这一点从东汉蔡质的《汉官典职仪式选用》中的描述可以得知。秦汉时期在大量的园林建造中，人们欣赏观赏石，以之陶冶性情，观赏石文化得到了较大的发展。

黄河之水天上来

石种：藏玉石

尺寸：43cm×16cm×33cm

参考价：1.5 万 ~1.8 万元

满天星

石种：翠珠玉

尺寸：20cm×12cm×16cm

参考价：1900~2200 元

水草

石种：大化石

尺寸：23cm × 9cm × 18cm

参考价：2 万 ~2.5 万元

洛神

石种：九龙壁石

尺寸：10cm × 8cm × 29cm

参考价：2000~3000 元

东汉晚期，浓重的佛教色彩融入了观赏石文化中，后世的观赏石文化都深受其影响。佛教于东汉中晚期，从印度传入我国，从此，佛教思想与我国传统文化融合，并对我国文化事业的发展产生了深远影响。对“禅石”的欣赏是佛教文化在观赏石文化上的体现。禅石的赏石观是指以禅的标准来判定观赏石的价值，这种赏石观曾在我国盛行了 1000 多年。什么样的观赏石能称之为禅石呢？这要观赏石具备自然、无相、圆润、寂静和沉稳“五德”才行，禅石讲求稳重古朴、淡雅宁静、幽深空灵，欣赏禅石会使人心静神安、心灵沉稳、如入禅境。

确立时期

魏晋时期，观赏石不再仅仅用于园林造景，开始渐渐用于收藏及赏玩。南北朝时期，收藏和品鉴美石、怪石之风逐渐风行起来，很多人都开始寻找、收藏、赏玩天然观赏石。体积较大的观赏石仍旧被用于装饰园林、堆砌假山，而一些小巧的观赏石则被人们收藏、赏玩，此时期的观赏石文化染上了浓厚的人文色彩。

故乡的山

石种：九龙壁石

尺寸：132cm×31cm×62cm

参考价：8000~10000 元

魏晋南北朝时期，统治者昏庸腐败，群雄割据称王，朝代频繁更替，社会动荡不安，战火四起，经济凋敝，民不聊生。但是此时期却是继先秦百家争鸣之后的又一个精神极度解放、思想极度自由的时期，玄、道、佛各种学说蓬勃发展。在这样的时代背景下，很多文人墨客对黑暗的统治不满，又无力抗争，于是纷纷归隐山林，逍遥于山水之间，开创和发展了多种艺术形式，对中国艺术发展产生了积极影响。在玄、道、佛学的影响之下，崇尚自然之风被掀起，人们的审美意识发生变化，中国赏石文化在文学、绘画、雕刻、园林等艺术的影响下，不断发展完善，并逐渐从园林艺术中分离出来，成为一门独立的艺术。魏晋南北朝时期，收藏、鉴赏观赏石的人士越来越多，这时的赏石更注重简单、纯朴，追求诗情画意和弦外之音。此时期皇家宫苑继续发展，私人园林建造也多了起来。北齐时期，园林中广泛运用假山石，如北齐博陵君房豹在济南有一座“杂木森竦，泉石深邃”的园林。

综上所述，我们把魏晋南北朝时期作为中国赏石文化的确立期，真正意义上的观赏石收藏就是始于此时期。此时期园林广建，但是观赏石的赏玩、收藏仍处于起步阶段，赏石者仅局限于少数文人墨客，社会上并不盛行玩石之风。

兴盛时期

隋唐时期，收藏、赏玩观赏石之风盛行起来，赏石文化逐渐成为中国传统文化的重要组成部分。此时，赏石的主流是追求风雅的官员与文人墨客，而那些小巧奇特的观赏石则被用于案头清供，这些观赏石还经常出现在文人墨客的诗文中，被人们赞颂。隋唐时期是中国赏石文化的一个新时代。

唐三彩仕女头像

石种：九龙壁石

尺寸：16cm×10cm×25cm

参考价：2000~3000元

放飞梦想

石种：九龙壁石

尺寸：22cm×12cm×29cm

参考价：4000~5000 元

隋唐时期始于公元 6 世纪晚期，是我国历史上的一个社会经济文化极其发达繁荣的时期。此时，我国封建社会进入兴盛时期，国家实力雄厚，经济繁荣，人民生活比较和谐安定，为赏石文化的发展创造了物质基础。此时期思想活跃，各种流派的思想盛行，文化艺术蓬勃发展。因此，隋唐时期是中国赏石文化发展的昌盛时期。首先，园林修建得到了飞速发展，且不只局限于上层社会，中下层也开始修建园林，在造园时，人们大量利用观赏石，追求优雅自得的意境，叠石造山、置石造景等技艺在造园实践中变得更加成熟。其次，赏石不再局限于园林假山，逐渐成为独立欣赏的对象，收藏、赏玩室内观赏石的风气盛行起来。

绿色环保

石种：金沙江

尺寸：直径 35cm

参考价：4.8 万 ~5 万元

隋唐时期的赏石有两个特点：

第一，观景赏石成为文人雅士的习惯，人们撰写了许多品评观赏石的诗文。当时大批的文人雅士都加入到游山玩水的行列中，看到美丽的景致，难免诗兴大发，想要抒发一时感慨，使得诗歌、音乐、绘画、园林、赏石艺术全都蓬勃发展，有名的诗人和赏石家纷纷涌现，如李白、柳宗元及身居相位的李勉、牛僧孺、李德裕等。赏石活动有众多文人雅士参与，赏石文化的艺术品位得到了提高，他们追求诗情画意的意境，纷纷搜罗、品评、收藏观赏石，发现上乘观赏石，不惜重金购买，因此，当时出现了不少名石。

步步高升

石种：大化石

尺寸：55cm×26cm×30cm

参考价：4 万 ~5 万元

国色天香

石种：广西三江鸡血石

尺寸：46cm×17cm×40cm

参考价：4.5 万 ~5 万元

第二，人们开始深入研究观赏石，观赏石著作涌现，一些著名的观赏石被人们划分出等级。此时，观赏石已被人格化，人们崇尚石头不卑不亢、不媚不俗的高贵品质，形成了风格独特的赏石文化。此时，收藏、赏玩观赏石变成了一件很有品位的事情，就连皇帝也将观赏石列入贡品之列。赏石标准的提出也体现出对赏石的深入研究。最早提出赏石标准的是白居易，他在著作中提出应从“形、质、姿、势、怪、丑、老、灵、气、色和纹”等方面鉴赏观赏石，表现出了唐代的赏石盛况及鉴赏水准。

繁荣时期

宋元时期，赏石文化得到了大发展，形成了收藏、鉴赏观赏石的高峰，观赏石行业兴盛起来，观赏石理论专著涌现，爱石、藏石的风气浓厚。

我国封建社会在两宋时期蓬勃发展，此时期经济繁荣，文化、科技、艺术等方面都发展迅猛，赏石文化自然也得到了极大的发展，甚至创造了一个小高峰。两宋时期的赏石在理论和实践方面都有很大发展，全社会都加入到了赏石、藏石的行列，赏石文化空前繁荣。

两宋时期的赏石具有三个特点。

一跃成名

石种：大化石

尺寸：41cm × 12cm × 24cm

参考价：2.5 万 ~2.8 万元

秋原千里

石种：广西三江鸡血石

尺寸：54cm×30cm×19cm

参考价：1.5 万 ~2 万元

第一，两宋园林建造更加兴盛，且水平高超。两宋时期，园林建造的技艺发展成熟，园林虽不像隋唐时期那样规模宏大，但内部规划得非常清新雅致、精细美观。两宋时期的园林追求的是一种意境，强调神似的韵味，运用观赏石的技巧已是登峰造极。此时期有一座非常有名的园林叫“寿山艮岳”，是宋徽宗集全国之力而建的名园。这一时期，在皇帝的倡导下，不仅朝廷官员、文人雅士，就连普通百姓也步入了搜罗观赏石以营造园林的行列中，一时园林遍地、假山四起，很是壮观，因此赏石文化得到了很大发展。南宋都城迁到杭州，园林更如雨后春笋般散布于湖光山水之间。“一色楼台三十里”，大小园圃林立，数量之多，非其他时代可比。

万寿山

石种：松花石

尺寸：28cm×38cm×32cm

参考价：5.5 万 ~6 万元

云诗

石种：绿松石

尺寸：36cm × 9cm × 26cm

参考价：2 万 ~2.5 万元

第二，确立赏石标准，出现大量赏石专著。前面提到白居易最早提出了赏石标准，而宋代著名书法家米芾则是真正将赏石标准确立了下来。米芾创立了“瘦、透、漏、皱”四字赏石标准，近千年来被后人沿用。自米芾以后，品鉴观赏石才有了明确的标准，该标准的确立还为明清时期赏石文化的繁荣打下了基础。两宋时期，大量的赏石专著和画册出现，这些书籍详细介绍了当时的观赏石种类、特征、采集方法等信息，如杜绾的《云林石谱》、范成大的《太湖石志》等，对人们研究观赏石有很大帮助。

红心永驻

石种：南非红碧玉

尺寸：38cm × 26cm × 29cm

参考价：1.2 万 ~1.8 万元

第三，专业的技工出现在了赏石行业，砚石成为独立的赏石品种。两宋时期，不管是皇亲贵族还是文人雅士，甚至是平民百姓，全都爱好赏石。在这样的社会风气之下，一批专门以运石、砌石、鉴石等为职业的技工就应运而生了。专业技工的出现更促进了观赏石的发掘、鉴赏水平及造园技术的提高，赏石文化蓬勃发展。另外，此时期砚石从观赏石中分离出来，成为一种独立的收藏品，集实用性和艺术性于一身。我们熟知的宋代很多文学大家，如苏轼、蔡襄、黄庭坚等都喜好收藏砚石。

赏石文化发展到元代便萧条了下去。原因是蒙古族入主中原，双方有很大的文化差异，他们没有充分地吸收汉文化，因此赏石文化的发展非常缓慢，关于赏石的专著出现得也很少，在这方面没有什么新的进展。从元代遗留下来的少数赏石文献中不难发现，当时只有稀少的官吏、文人、僧侣参与观赏石的收藏、鉴赏和撰写赏石典籍。当然，元代也有赏石家，大画家赵孟頫在此时期最有名，他以赏石怡情，进行书画创作的灵感常从石中汲取。

圆满

石种：硫铁胆

尺寸：15cm×10cm×13cm

参考价：3000~4000 元

神猴

石种：广西大湾石

尺寸：9cm×6cm×10cm

参考价：2 万 ~2.5 万元

全盛时期

我国古代赏石文化的全盛时期是明清时期。

明清两代是中国封建社会的鼎盛时期，在这样的背景下，赏石文化得到恢复与蓬勃发展，并达到了巅峰。明代经济繁荣发达，赏石文化发展迅猛，买卖观赏石的大市场得以形成。清代的园艺技术水平日趋成熟，至今仍保存完好的北京颐和园、故宫的观赏石造景，陈列在厅堂内的观赏石摆设，都非常具有观赏性。这一时期的赏石文化与文学、书法、美学、绘画等文化领域全面融合，呈现出一片欣欣向荣的景象。此外，中国赏石文化在不断继承和发展中，开始进入科学发展阶段，其与自然科学、人文科学相互融合，相互渗透，共同发展。徐霞客、魏源等著名学者参与到赏石队伍中来，这更加使得鉴赏、收藏观赏石的活动上升了一个层次。

威震山河

石种：大化石

尺寸：52cm×24cm×50cm

参考价：2.5 万 ~3 万元

明清两代的赏石具有以下特点：

第一，园林技艺发展到了炉火纯青的境界，造园中广泛应用置石、叠石等方法造景。元代萧条期的赏石文化在明清时期开始恢复并迅猛发展，最终走向了顶峰。这一时期，园林艺术无论是理论方面还是实践方面都不断成熟和完善，一些文人墨客，如沈周、文徵明积极投身到园林建造中，绘画、诗词、书法等艺术在园林中皆能体现，使园林更具诗情画意，韵味十足。随着园林艺术的恢复发展，全国又刮起了造园之风，其中江南园林鹤立鸡群，广受人们称赞。园林中，堆砌大量石头造景，这些石头往往选用观赏石、怪石，为园林增添了新意。明代园艺技术发展非常迅猛，到了清朝，园林艺术更发展到了出神入化的境地。明清时期有许多造园名家诞生，如李渔、文震亨，张南垣、张然父子等，使得一批以圆明园、清漪园、避暑山庄等皇家园林为首的闻名世界的园林诞生。

鸟巢

石种：结构石

尺寸：19cm×8cm×15cm

参考价：3500~4000 元

第二，明清时期赏石专著源源不断地出现，且内容完整、严谨，具有很高的科研价值。明清赏石之风浓厚，收藏、鉴赏观赏石之人数不胜数，出现了更多的石种，人们也更看重底座的作用。在这种社会环境下，明清时期鉴赏观赏石、建造园林的著作屡见不鲜，流传至今的石谱、石录等也为数不少，此外，专门介绍砚石、印石的著录也很多。种类繁多的专著中，有的介绍观赏石的产地、特征；有的阐述观赏石的采集与保养方法；有的记述藏石的题名；有的讲述观赏石的鉴赏、陈列；还有的配有插图，录有名人诗文，绘声绘色，图文并茂，参考价值极高。这些赏石专著极大地推动了中国传统的赏石文化向新的高峰前进。

吉祥如意（一对）

石种：黄蜡石（黄龙玉）

尺寸：40cm×26cm×30cm

参考价：6000~8000 元

夜明珠

石种：萤石

尺寸：直径 13cm

参考价：35 万 ~36 万元

第三，鉴赏、收藏观赏石极大地走向大众。明清时期，收藏、赏玩观赏石已不再局限于士大夫阶层，将领、士兵、农夫、小贩，乃至学生等各阶层都加入到赏石行列，观赏石收藏理念得到极大普及。

崭新时期

清末民初，清政府腐败无能，局势动荡，外国列强纷纷侵略中国，许多有识之士为维护国家主权、救国救民加入到了轰轰烈烈的革命运动中。清朝灭亡后到新中国成立这段时期，我国的政治舞台上活跃着各种政治力量，社会腐朽黑暗，人民深陷水深火热之中，在这样不利的社会环境下，赏石文化发展缓慢，再次陷入低谷。

金山

石种：黄蜡石（黄龙玉）

尺寸：38cm×9cm×22cm

参考价：6500~7000 元

这一时期，尽管社会动荡、战火连绵，但还是出现了一批赏石名家，著名的“南许北张”就是此时期的代表人物。上海的许问石被人们称为“南许”，天津的张轮远被称为“北张”，两人为世人所知是因为喜好收藏、鉴赏雨花石。此外，著名的赏石名家还有周恩来、张大千、郭沫若、沈钧儒等。

中华人民共和国成立初期，赏石文化发展较为缓慢，之后就逐渐蓬勃发展起来。20 世纪 80 年代以后，随着人们的生活水平不断提高，人们开始更多地追求多姿多彩的文化生活，简约自然、雅致古朴、返璞归真的赏石文化内涵对

指甲纹

石种：黄蜡石（黄龙玉）

尺寸：24cm×12cm×35cm

参考价：8000~9000 元

鲫鱼捕食

石种：戈壁石

尺寸：16cm×9cm×11cm

参考价：2000~3000 元

现代人有很大的吸引力。如今，随着物质生活水平不断提高，越来越多的人开始参与观赏石收藏活动，观赏石的价格居高不下，在各地的拍卖会上时常出现天价观赏石。近年来，各地成立了许多赏石协会，很多地区都举办观赏石展览会、研讨会；随处可见观赏石博物馆；关于观赏石的书籍、杂志、报纸等也是屡见不鲜。中国现当代的赏石活动已经进入了一个崭新的时期，中华赏石文化得到了前所未有的弘扬和普及，并不断创新，继续发展。

现代赏石的特点：

第一，赏石队伍空前壮大，全民参与赏石、藏石。

第二，新石种越来越多，人们的选择空间很大。

第三，观赏石交易市场日趋完善，观赏石交易频繁。

第四，赏石、藏石专著纷纷涌现，观赏石知识广泛宣传，赏石理论更加成熟完善，许多人加入到观赏石鉴赏研究中来。

第五，许多大中院校增设相关学科，许多涉外观赏石被介绍给国人。

心

石种：戈壁石

尺寸：15cm×7cm×13cm

参考价：3000~3500 元

人类与石头的关系

我们生活在一个神奇的星球上，这个孕育了无数生命的蓝色星球是由平均厚度 50000 多米的岩石地壳组成的，它承载着我们眼前的大千世界。这些形形色色的石头与人类有着密切的联系，它们为人类所依赖、所利用。无论是简单的衣食住行，还是前沿的科学技术，几乎所有涉及人类活动的领域，都与石头有着千丝万缕的关系。

◆ 石头对人类的影响

在人类的生活中，对于石头的利用无处不在。区别人和猿最重要的标志之一便是石器，只有人类才会制造工具，动物不会。石头始终与人的生活息息相关，无论是在物质生活还是精神生活上，石头都具有十分重要的作用。

从物质上看

在原始社会，石头是人类必不可少的劳动工具。在石器时代，人类居住在石窟、洞穴中，使用打制和磨制的石器，利用石头垒屋。在现代建筑上，石头更是

色彩斑斓

石种：戈壁石

尺寸：20cm×14cm×16cm

参考价：1500~2000 元

鸿运财源滚滚来

石种：南非红碧玉

尺寸：76cm×25cm×40cm

参考价：3.8 万 ~4 万元

神兽

石种：戈壁石

尺寸：48cm×12cm×30cm

参考价：3500~4000 元

无处不在，无所不用。无论是国家的重要建筑物，还是民间的园林，都取材于石头。至于石碑、石刻、石雕、石印等，更是在石头上大做文章。美丽的石材代表着高贵，不同的石材具有不同的作用，所以石头的作用被发挥得淋漓尽致。

从精神上看

人们生产、生活得到满足之余，就会进行娱乐活动，在这种情况下，欣赏和珍藏石头成为社会的一种文化活动。在山顶洞人居住的洞穴里，挖掘出旧石器时代的石制装饰品。欣赏美石，成为原始社会的文化活动，促进了原始文化的发展。千变万化的纹理和图像，对原始人的思维活动产生了影响。人们还把石头作为一种精神的寄托，一些古老的部落把石头作为图腾来膜拜，一些人认为石头能够驱邪避祸，以镇风水。石头象征着坚定、顽强等优秀品质，所以，人们喜欢用石头比喻坚定的信念，用石头指代牢固的友谊和坚贞的爱情。

雨打沙滩

石种：戈壁石

尺寸：15cm×10cm×13cm

参考价：2000~2500 元

◆ 关于石头的历史传说

“阿诗玛”石

云南省石林县的小石林中矗立着一块“阿诗玛”石，每年都吸引着无数观光游客。

相传，一个叫“阿着底”的地方有个撒尼族姑娘名叫阿诗玛，她聪颖能干、善良美丽，与青年阿黑相爱。头人热布巴拉的儿子阿支觊觎阿诗玛的美貌，心存歹念，在一次集会上戏弄阿诗玛，遭到了阿诗玛的呵斥。后来，他又派媒人带着厚礼前去逼婚，阿诗玛果断拒绝了。阿支恼羞成怒，趁阿黑去远方牧羊的时候，派人强行把阿诗玛带了回来。机灵的阿诗玛趁乱将与阿黑定情的山茶花掷入溪中，溪水立即倒流，阿黑得以知道阿诗玛出事了。他立刻用神箭射穿大山，开出通道，快马加鞭，赶回救援。阿支提出要和阿黑赛歌，若阿黑胜了才能带走阿诗玛。阿黑赛歌赢了，但阿支却无耻地反悔，还企图用暗箭杀害阿黑。阿

阿诗玛石

锁云

石种：摩尔石

尺寸：60cm×30cm×60cm

参考价：6000~9000 元

黑被彻底激怒了，他拉满弓，奋力射出了神箭，神箭射穿了寨门和大厅的柱子，一直射在神主的牌位上，阿支的家丁们费了很大的力气，也没能拔动箭。阿支见讨不到阿黑的便宜，只得暂且将阿诗玛放掉，并带人偷偷跟踪他们。阿诗玛和阿黑快乐地同骑一匹马回家，他俩走累了，来到溪边休息。阿支乘机带人偷走了阿黑的神箭，并放出洪水，阿诗玛瞬间被淹没了。阿黑悲痛欲绝，发出了悲愤的呼喊，阿诗玛在呼喊声中化为一座石峰。这就是“阿诗玛”石的传说。

鸿运当头

石种：沙漠漆

尺寸：15cm×10cm×17cm

参考价：1 万 ~1.2 万元

女娲炼石补天

中华民族上下五千年，历史文化博大精深，有很多关于石头的神话传说。女娲用黄泥造人，星辰各司其职，人民安居乐业。后来共工与颛顼争夺皇位，不胜而头触不周山。霎时间，天倾地陷，洪水泛滥，大火蔓延。除了人类，所有的生物都灭绝了。女娲看到众人陷入了无尽的灾难中，决心炼石补天。于是，在天台山顶堆巨石为炉，取五色土为料，又借来太阳神火，经过九天九夜，炼成了 36501 块五色巨石。又经过九天九夜，用 36500 块五彩石将天补好。女娲补天之后，天地定位，洪水归道，烈火熄灭，普天同庆。从此之后在中国人的眼中，女娲便成为世间的造物主，被不断颂赞，石头也拥有了消除灾难的神奇魔力。

望夫石

传说很久以前，我国台湾岛中央山脉的南面并不是今天的模样，而是一片汪洋大海。在海边的一个山坳里，住着一对年轻夫妻，丈夫名叫阿龙，妻子名叫阿凤。白天，阿龙出海捕鱼，阿凤在家纺线织布。晚上，阿龙坐在椰子树下

望夫石

望夫石

的石凳上吹笛子，阿凤则随着笛声唱山歌，小两口恩恩爱爱，日子过得平静而安详。

然而，好景不长，有一天，突然乌云密布，狂风大作，电闪雷鸣，暴雨倾盆。这时，突然一条恶龙腾空而出，原来这一切都是它搞的鬼。它上下翻滚着，搅得大海波涛汹涌。恰好这天，阿龙在家里修补渔网，没有出海。而那些出海的渔民们则都遭了难，船被海浪掀翻了，掉进海里的渔民都被恶龙吃掉了。接下来的一段时间里，恶龙一直兴风作浪，再也没有渔民敢出海打鱼了。可是这里的人，世代以打鱼为生，不去打鱼，日子就没法过了。阿龙几次想冒险出海，阿凤都不同意，阿龙愁得整日茶饭不思。

一天晚上，阿龙做了一个梦，梦见玛祖婆对他说："那条恶龙虽然厉害，可是只要有个勇敢的人能同它斗上七天七夜，它就会元气大伤而死掉。"第二天，阿龙就把这个梦告诉了阿凤，并决定出海和恶龙搏斗，为民除害。阿凤见丈夫态度坚决，也只能支持他，并给他做了七张大饼，让他带上。

通天河神龟

石种：结核石

尺寸：40cm×28cm×30cm

参考价：4000~5000 元

雄鸡报晓

石种：武陵石

尺寸：不详

参考价：1500~2000 元

阿龙来到海边，驾着小船向大海深处驶去。这些天，恶龙一直没能吃到人，现在见有人来了，立刻打起了精神。它上下翻滚，搅得大海巨浪滔天。阿龙的小船在波涛汹涌的海面上艰难地行驶着，一会儿越过浪峰，一会儿跌进浪谷。阿龙急忙吃下一张大饼，补充体力，努力使自己能坚定地立在船头。过了一会儿，恶龙猜想阿龙肯定已经死了，于是钻出水面想吃掉阿龙。可是它刚一露头，就被阿龙用鱼叉狠狠地刺了一下，恶龙疼得龇牙咧嘴，凶猛地向阿龙扑来。阿龙沉着冷静、奋勇迎敌。就这样，阿龙每天都和恶龙战斗，体力不行了就吃一张大饼，力气恢复了就继续战斗。斗到第七天，阿龙的食物都吃完了，他的体力越来越弱，恶龙也筋疲力尽了。最后木船的船底被恶龙顶破了，船渐渐地沉入了海底，阿龙与恶龙扭打在了一起，最后和恶龙同归于尽了。

恶龙死后，乌云散去，重见天日，大海也恢复了往日的平静。渔民们又能出海打鱼了。阿凤不见阿龙归来，心急如焚，她痴痴地站在山尖上向大海望去。她天天盼，天天等，眼泪都要哭干了，把大海都哭退了一百多里，可阿龙还是没回来。而阿龙的那只小船却露出了海面，变成了船帆形的小岛。时间一长，阿凤就变成了石头人，站在山尖上一直朝着大海望着，等待着丈夫的归来。这就是有名的望夫石的故事。

金花古坛

石种：结核石

尺寸：21cm×21cm×16cm

参考价：2000~3000 元

凌波仙子

石种：雨花石

尺寸：不详

参考价：3000~3500 元

雨花石的传说

传说在南朝梁代的时候，有一个法号云光的和尚，他幼时出家，一心向佛，希望能拯救苍生，劝人向善，因此他经常游学四方，参禅讲学。那时佛教传入我国时间还不长，影响力还不大，云光每一次为当地人传授佛学，都很少有人关心，收效甚微，云光就很沮丧。有一天，云光正为此事烦心，突然一个老婆婆出现在他面前，还将一双鞋送给了云光，并告诉他穿着这双鞋去四处讲学，鞋在哪里坏掉了，就可以在那里停下来，经常给那里的人讲佛经。老婆婆说完话就消失了，云光想这一定是菩萨在指点他要不怕辛苦、持之以恒地四处讲经。

云光走了无数地方，那双鞋始终很完好。一天，他来到南京城的石子岗，脚上的鞋突然坏了。他就在石子岗上停了下来，开始为大家讲佛经。开始听的人寥寥无几，过了一段时间，他广结善缘，信徒逐渐增多了。有一天，他又在给信众讲佛法，人们听得入了神，连天神都被感动了，天上飘落下五彩缤纷的雨。雨降落在地面上就变成了一颗颗通透光滑的小石头。人们给这些小石头起名为“雨花石”，意为天上落下的雨滴所化的石头，至此人们把云光讲经的石子岗改名为“雨花台”。

松林烟雨

石种：雨花石

尺寸：不详

参考价：4500~5000 元

鸡血石的传说

关于举国闻名的鸡血石，在昌化地区的民间流传着这样一个凄美的传说。从前，一对漂亮的锦鸡生活在安徽九华山上。一天，雌鸡感觉寂寞无趣，就自己偷跑出去游玩，后来它飞累了，就停落在浙皖交界的昌化上溪的玉岩山顶休憩。这时，它被这里秀丽的风景吸引了，想以后生活在这里。但不幸的是，雌鸡在半山腰里遭到了黑蛇精的袭击，它奋战了七七四十九天，最后被黑蛇精打败了，全山都流遍了它的鲜血。缕缕鲜血透过岩石缝渗透到石头里，经过岁月变迁，就变成了石中的珍品——昌化鸡血石。如今，它名扬四海，深受世人青睐。

女娲补天

石种：昌化鸡血石

尺寸：不详

参考价：2 万 ~3 万

游春图

石种：寿山田黄石

尺寸：4.1cm×3.5cm×9cm

参考价：8000~10000 元

寿山石的传说

传说，很久以前，天上的凤凰女神被派遣到福州北峰郊区的寿山巡视，在途中女神被寿山旖旎的风光吸引了，她从祥云上下来，想在这大好的风景中休息一会儿。她喝了那甘甜的天泉水，又吃了灵芝果，还沐浴在了寿山的清泉中，畅快极了，最后她就在这山水间进入了甜甜的梦乡。凤凰女神睡醒时，听到百鸟齐鸣，五彩的山花开得美极了，并惊奇地发现她的羽毛变得更加鲜艳美丽，她开心极了，对寿山有了感情。但她必须离开，她依依不舍地看着这美景，心里很难过。她希望自己的子孙能在这山清水秀的风光中自在地生活，于是就把一枚彩卵留在了这里，过了很久，这枚彩卵变成了通透美丽、人人称赞的寿山石。

稀世珍宝——和氏璧

距今 2600 多年的春秋时期，有一个叫卞和的楚国人，擅长琢磨玉器。一天，他在荆山（今湖北省南漳县内）得到了一块美玉。卞和就捧着美玉献给楚厉王，厉王命玉工查看，玉工说这就是一块普通的石头。厉王龙颜大怒，给卞和定了欺君之罪，砍下了卞和的左脚。后来武王即位，卞和再次捧着美玉去见武王，武王又命玉工查看，玉工仍然说这根本不是宝玉，武王又砍了卞和的右脚。武王死，文王即位，卞和抱着璞玉在楚山下不停地痛哭，眼泪流完了之后就流出了血。文王得知后派人询问缘故，卞和说：我并不是哭我双脚被砍去了，而是

佛

石种：崂山绿石

尺寸：43cm×28cm×37cm

参考价：7000~9000 元

伤心宝玉被当成了石头，我的忠贞没有人能看到，无罪而受刑罚。于是，文王命人剖开这块璞玉，见果真是无价之宝，遂把它雕琢成价值连城的“和氏璧”。和氏璧经历了 10 个朝代、130 多位帝王、1620 余年，是世界上被人们收藏时间最长的一块观赏石。

◆ 喜爱观赏石的名人

我国历史源远流长，拥有 5000 年灿烂的文明，赏玩观赏石的历史也有三四千年了，观赏石是大自然给予我们的珍贵礼物，古往今来，许多名人与观赏石结下了很深的渊源。他们赏石、藏石，和石交流，用石陶冶性情，赞誉石的美好品德，给后人留下了宝贵的精神文化财富。

陶渊明

魏晋南北朝时期，观赏石不再仅限于用于园林造景，而开始作为赏玩之物供人们欣赏。陶渊明是我国东晋时期著名的诗人，他喜好赏石，并给世人留下了一段津津乐道的故事。相传，陶渊明住宅旁边有一片菊花丛，丛中有一块平坦光滑的大石，每次他喝多了酒，就在这块石头上休息，而且在石头上他总能才思泉涌，创作出脍炙人口的文章。陶渊明相信这块大石能让他头脑清醒，思维敏捷，于是便称呼此石为“醒石”。陶渊明与醒石的佳话，被后人广为称道，让人们忍不住神往。《素园石谱》是明代林有麟所著的中国第一部图文并茂的石谱，书中，作者形象地向人们描绘了醒石的外形。也因为醒石的故事，人们把陶渊明尊为“赏石祖师”。这块醒石如今被置于庐山南麓虎爪崖下，有兴趣的朋友不妨前去一睹真容。

杜甫

唐代大诗人杜甫因写下了数不清的佳作而为世人所知，其实他还是一位观赏石收藏家。一次他得到一块观赏石，喜不自胜。观赏石体积不大，但奇峰突兀，很有韵味，杜甫感觉此石很像衡山 72 峰中的“祝融”，于是便将这块观赏石命名为“小祝融”。

陶渊明

杜甫

倒影

石种：临朐彩石

尺寸：13cm×9cm×28cm

参考价：2500~3000 元

当时有一块叫“鲁班石”的观赏石很有名，据说这是当年鲁班修桥时遗留下来的一块桥墩石。一天，杜甫乘船去观看此石，看完“鲁班石”后，还作了一首诗，名为《解闷》，也是因为这个缘故，“鲁班石”便更名为“杜甫石”。

朵云峰

石种：太湖石

尺寸：23cm×7cm×38cm

参考价：4000~5000 元

白居易

唐代大诗人白居易在赏石上颇有建树，他首次提出了赏石标准，为观赏石分了等级，提出了“爱石十德”，他是我国赏石理论的开拓者，著有许多赏石诗文。白居易对太湖石评价很高，曾作过《天竺石》《太湖石记》等观赏石专著。《太湖石记》是我国最早的系统介绍怎样收藏、鉴赏太湖石的文章，具有很重要的参考价值。白居易曾被任命为杭州刺史，调离此地时，除了两块太湖石外，他什么也没带走，关于此事他在诗中记载道：“三年为刺史，饮冰复食檗。唯向天竺山，取得两片石。此抵有千金，无乃伤清白。”白居易是唐代最有名的观赏石爱好者，他收集了许多美丽奇特的观赏石，对石头的喜爱程度从他的诗篇《双石》中可见一斑：“回头问双石，能伴老夫否？石虽不能言，许我为三友”。

米芾

米芾

宋代著名的书画家米芾，爱石成痴。一次他新到一个地方上任，看见府内有一块很独特的观赏石，喜爱之极，立刻吩咐随从拿来上朝用的袍笏和官服，给他穿戴整齐，然后郑重地对观赏石行叩拜之礼。还有一次，他外出时被一块观赏石吸引住了，喜不自胜，围绕观赏石观赏了三天，也舍不得离开，还在此处搭棚赏石。后人为纪念这位“石痴”，在他搭棚处修了一座亭子，起名“拜石亭”，又建了“绕石桥”搭在观赏石与亭子之间。米芾曾为官江苏，因此地距离盛产美石的安徽灵璧县比较近，他就经常去搜罗观赏石，得到心爱之石便闭门不出，日夜赏玩，政绩自然受影响。这天，上级官吏杨杰到此地视察政务，知道了米芾的事，便责备他说：“朝廷命你管辖千里郡邑，你怎么能够终日沉迷于石头，如此怠慢政务呢？”这时米芾不慌不忙地从袖中取出一枚清澈玲珑的灵璧石，拿在手中不住地把玩，还对上级官吏说：“这样灵巧的观赏石，谁能抗拒它的魅力？”见杨杰没反应，米芾又从袖中取出一块更加灵巧的美石，在这样一再的诱惑下，杨杰终于为之所动，说道：“又不是只有你喜欢，我也酷爱观赏石。”说着就把米芾手中美丽的灵璧石放在了袖中，心满意足地离去了，完全忘了此行的初衷。每当米芾搜罗到质量上乘的观赏石，都要终日在房间里品鉴、赏玩，给观赏石命名。若遇有极品观赏石，他便藏于袖中，以便随时取出赏玩，谓之“握游”。

镜花缘

石种：灵璧白灵石

尺寸：22cm × 12cm × 20cm

参考价：2000~3000 元

沧海桑田

石种：乌江石

尺寸：32cm × 16cm × 26cm

参考价：5000~6000 元

观赏石命名的要点

1. 命名应该含蓄贴切。在石艺展览中，常常出现一些作品命名含混不清，名不达意。每位作者都想通过作品的形象来表达创作感情，而这种感情需要观众通过作品和作品的名字去领悟。命名不需要太直白，让观众带一点儿联想效果会更好。

2. 命名应该能引发观赏者的联想。一件石艺作品在创作的过程中，作者首先要考虑的是要表现什么，当作品制作完成时，命名工作也就随之而来了。好的命名能够充分体现出作者的创作意图，从而进一步深化主题，将人们引入更多的联想之中。

3. 命名应该突出意境和情趣，作者在创作时追求的意境和情趣，应该在命名时得以延续。

春山新雨

石种：大化石

尺寸：30cm×21cm×18cm

参考价：1.5 万 ~2 万元

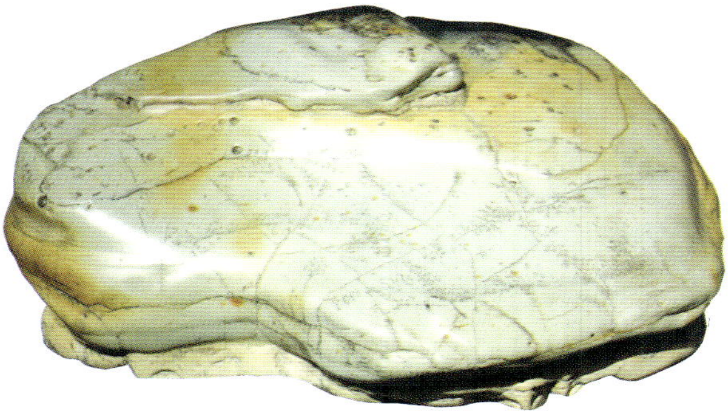

高枕无忧

石种：三江卵石

尺寸：50cm×12cm×15cm

参考价：2 万 ~3 万元

第三章 乐趣无穷——观赏石收藏与品鉴

◆ 观赏石的价值

观赏石的价值表现在很多方面，有经济价值、科学价值、观赏价值、文化价值等，有的观赏石是无价之宝。若想收藏与鉴赏观赏石，就有必要了解观赏石的价值。

情鸟

石种：贵州青石

尺寸：35cm×12cm×30cm

参考价：3000~4000 元

艺术价值

石是大自然赐给人类的宝贵财富，它是大自然的杰作、大自然的奇观，观赏石来自自然，每块观赏石都经历了几千万年甚至上亿年的地质运动和日晒雨淋。它的形成展现了大自然造物的神奇，体现了独特的艺术美感。观赏石的艺术价值是其具有经济价值的基础。总的来说，观赏石的艺术价值表现在三个方面：形式美、意境美、科学美，这也是中国传统美学观点的体现。

金蛇狂舞

石种：乌江石

尺寸：39cm × 17cm × 23cm

参考价：1 万 ~1.5 万元

观赏石的形式美是指它的形态、质地、石表、肌理等方面令人观之心情愉悦。形态美是指石的外形圆润、奇特、匀称；质地美是指石的质地坚韧、致密、细腻；石表美是指石的表面完整无破损，石身平整、洁净；肌理美是指石的表层自然美观或具有天然的石皮。它们共同决定了一方观赏石是否具有艺术价值，是判断观赏石有无收藏价值的前提。

观赏石的意境美是指其色彩、纹理、造型以及石头整体所带给人的完整感觉，所传达出的意蕴。人们赏石，是在欣赏石头的美，其千变万化的造型、斑斓瑰丽的色彩和美丽清新的纹理令人赏心悦目。观赏石艺术价值的核心就是意境美，是赏石时非常重要的一方面。不同的石种要求有不同的意境美，如图案石要看其构图是否美观，是否符合书法、绘画艺术的审美要求；造型石要看其形态是否奇特多变，线条是否流畅，是否具有雕塑的美感；色彩石要看其色彩是否清新亮丽，搭配是否相得益彰，是否夺人眼球，符合中国山水画的审美观。

神龟

石种：大化石

尺寸：20cm×14cm×8cm

参考价：12 万 ~14 万元

鼎

石种：大化石

尺寸：21cm×14cm×36cm

参考价：4 万 ~5 万元

观赏石的科学美是指它能传达一种积极向上、乐观豁达的信息，能给人带来正面的能量。观赏石珍品除了具备极高的形式美、意境美以外，也不能缺少科学美，如此才能让人观之心情愉悦、陶冶性情。观赏石的科学美其实主要体现在它的主题上，越是健康、积极的主题越具有高度的科学美，比如代表吉祥如意主题的观赏石就比代表生离死别主题的观赏石更具收藏投资价值。

玉佛

石种：贵翠三

尺寸：28cm×12cm×21cm

参考价：7000~8000 元

市场价值

观赏石本身具有的交换价值及可升值价值就是观赏石的市场价值。我国古代的著名观赏石和氏璧，使得帝王愿意用城池来交换。宋代著名书画家米芾还有一个“一石换一宅”的典故。这些事例都说明某些观赏石具有很高的经济价值。

十八罗汉

石种：寿山石

尺寸：34cm×9cm×27cm

参考价：6500~8000 元

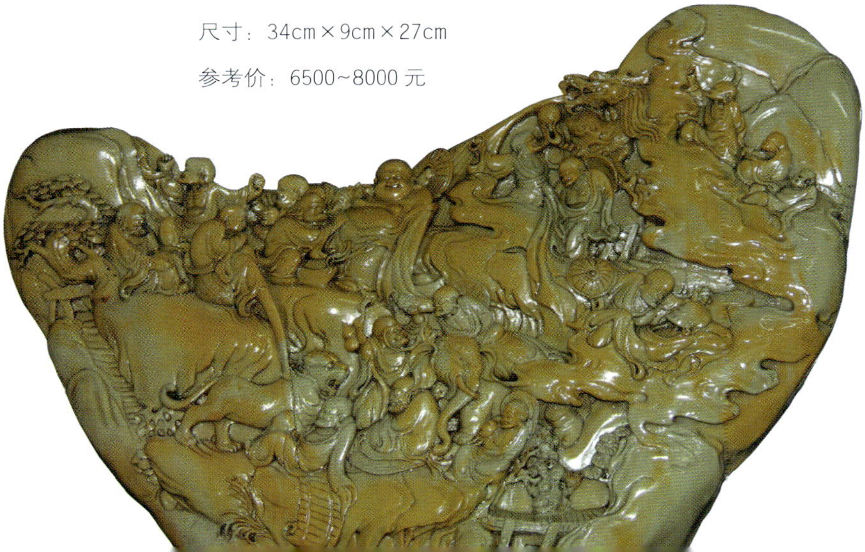

观赏石具有商品属性，一方形色俱佳、质量上乘的观赏石珍品具有很高的经济价值，在拍卖或交易中可以为收藏者赚取很大的经济利益。明清时期是中国赏石文化的高峰时期，赏石、玩石、藏石蔚然成风，皇亲贵族、文人墨客纷纷藏石，导致观赏石价格与日俱增。改革开放以后，中国的观赏石市场变得异常火热，各类观赏石公司、个体商户如雨后春笋般蓬勃发展，收集、购买观赏石的人越来越多，观赏石交易活动非常活跃，观赏石拍卖价格更是屡创新高。我国的许多观赏石还大量销往国外，促进了观赏石的国际交流，欧美地区及日本、新加坡、韩国等国都是主要的贸易伙伴，为我国带来了大量财富，开创了观赏石收藏的新时代。

鸿运当头

石种：大化石

尺寸：30cm×27cm×10cm

参考价：3 万 ~4 万元

金猪

石和：乌江石

尺寸：27cm×13cm×20cm

参考价：8000~10000 元

收藏价值

观赏石的收藏价值是一个比较概括的说法，具体说来就是指其是否值得赏玩和收藏。很多内容都包含在了观赏石的收藏价值里面，除了经济价值外，还有赏玩性、珍稀性、历史性、科学文化性等。只要具备其中一种，那么该石就是具有收藏价值的。

敦煌

石种：大化石

尺寸：18cm×10cm×23cm

参考价：3500~4000 元

艳光

石种：昆山石

尺寸：13cm×8cm×25cm

参考价：4000~6000 元

观赏石是大自然的产物，是大自然留给人间的神圣礼物，包含了深邃的意境、凝固的历史、无穷的奥秘，见证了自然的变迁。经受风吹霜打、日晒雨淋，经历漫长的岁月，才创造出了这如诗如画般的精品。观赏石的收藏价值，首先是由它的赏玩价值决定的。

金蟾纳福

石种：泰山石

尺寸：70cm×20cm×30cm

参考价：6000~8000 元

如果一方观赏石的形态、图案、色彩等都与众不同，稀有罕见，那么这方观赏石就会有比较高的价值。从观赏石的时间效应来看，通常情况下，时间愈长，石头价格也愈高。观赏石的历史价值又指有无名人效应。如有明确记载在历史上曾有某名人收藏过某方观赏石，那此方观赏石必然价格不菲。

另外，具有极高的科研价值的观赏石也有收藏价值。观赏石能反映一个地区的地质形态，地质学家通过研究观赏石可以详细地了解该地的地质环境，进而为其他学科的研究提供参考。比如通过研究火山弹，有助于地质学家研究地壳构造及火山喷发的相关情况；对于观赏石产生环境、时间的研究，可以帮助人们确定该地古地理环境的演化情况等。

步步高升

石种：灵璧石

尺寸：23cm×12cm×15cm

参考价：4000~5000 元

◆ 观赏石的品评角度

观赏石种类繁多、质量不一，加上评估者具有各自不同的审美观，所以对同一观赏石就会有不同的评价。不过对于观赏石的品评，还是有着主要的标准，我们对一方理想的观赏石评价通常是：天然完整的石体、奇特醒目的造型、鲜明丰富的颜色、温润或苍劲的色泽、清晰别致的纹理，整体看起来有一种深远的韵味。只有达到了上述标准，才能称为观赏石。

石色

石色指的是观赏石所具有的天然光、色彩。

一般来说，色泽纯正的是较为贵重的观赏石。但是根据观赏石种类的不同，

青田石雕茶圣摆件

飞龙在天

石种：乌江石

尺寸：20cm×9cm×16cm

参考价：3 万 ~3.5 万元

孔雀石大鹏展翅摆件

石色的标准也不同。具象和抽象石类的色彩以沉着古朴的色系为佳，如果一方观赏石色泽单纯或者出现多重色彩巧妙搭配，也有可能是上品。

石形

观赏石因为自然造化而形成的天然形状被称为石形。

有些观赏石的石形具有一种抽象意味，有些观赏石不需要雕刻，天然就与某类具体物品相似。

石形完整，没有残缺破损，造型富有韵味的石头就是理想的观赏石。鉴赏观赏石的时候，需要辨别石体是否有黏合的痕迹。具象造型石需要逼真清晰，抽象造型石需要一种意蕴。

石质

根据观赏石原石的材质不同，观赏石石质可以分为硅质、石灰质、泥质等种类。根据观赏石原石的成因，观赏石石质可以分为沉积岩质、变质岩质、火山岩质、陨石质等种类。对观赏石石质的鉴赏，可以从硬度、质感、光泽、密度等方面进行。如果内质坚硬，石表有质感，或粗犷、或细腻，这样的石头就是一方好的观赏石。

田园风趣

石种：寿山芙蓉石

尺寸：3cm×1.5cm×6cm

参考价：1.2 万 ~1.5 万元

观赏石的硬度一般在摩氏 4 度以上，硬度越高，质地越细腻。不过观赏石需要适当的硬度，不是硬度越高越好，过硬缺乏情韵，过软则容易脆碎、风化。

石音

某些石头在敲击之后会发出悦耳的声音，比如在先秦时代被用来制作乐器的灵璧石。不过这只是某些石头的特性，这些石头的审美和收藏价值也会相应增加。

猴王

石种：都安石

尺寸：46cm×21cm×69cm

参考价：3 万 ~3.5 万元

石意

观赏石以形、质、色、纹、声综合表现其意境和气韵。中国赏石文化受儒家思想影响，主张以德赏石，赏石修德，通过赏石，学习石头的表里如一和质朴诚实。此外道家思想对自然的崇尚，对意境的追求也被后人运用到观赏石的陈列和养护之中。

嫦娥奔月

石种：贵州马场红碧玉

尺寸：43cm×21cm×43cm

参考价：3 万 ~3.5 万元

石纹

石纹指的是观赏石表面天然形成的纹理或褶皱。

观赏石的各种花纹是在成岩时期受矿液浸染而形成的。形成观赏石图案的重要元素是纹理，特别是对图案石来说，纹理美观耐看、搭配合理是评价图案石的重要指标。好的观赏石必须脉络清晰、线条流畅。

稻花香里说丰年

石种：乌江石

尺寸：38cm×16cm×22cm

参考价：5 万 ~5.5 万元

非洲美女

石种：大化石

尺寸：27cm×14cm×28cm

参考价：4500~5000 元

其他方面

评价观赏石时对比度也是很重要的。对比度就是图案石上图案颜色的对比程度，观赏石对比度高，图案就更加清晰鲜明，更令人赏心悦目。观赏石，尤其是纹理石对对比度要求较高，对比度低图案就模糊混沌。有的观赏石对比度较差，人们常常用油蜡来浸抹，使其图案更明晰。

水洗度也是评判观赏石的一个标准。它是指观赏石在江河中被水冲刷的程度。通常情况下，坚硬的观赏石，能很好地抗水冲击，在江河中被冲洗的程度越高，其表面就越光滑细腻，手感越佳，观赏性越强。

石之六维

石之六维包括“稀”“奇”“尊”“贵”“美”“名”。

“稀”指的是不常见的，彰显石形的巧妙；“奇”指的是特殊的，出人意料的，彰显石意；“尊”指的是品位和灵气，彰显尊享的石气；“贵”指的是高贵的，值得看重的，彰显高贵的石质；“美”指的是质朴的，彰显大雅的石艺；“名”指的是有名誉的，彰显有价值的石德。

神韵

石种：来宾小卷纹石

尺寸：14cm×6.6cm×21cm

参考价：20 万 ~25 万元

◆ 不同类型观赏石的鉴赏

不同类型的观赏石有其相应的评价标准，收藏者在鉴评观赏石的时候应该严格遵守相关的标准，结合自身的经验，判别观赏石的价值。这些评价标准可以为收藏和投资提供帮助。

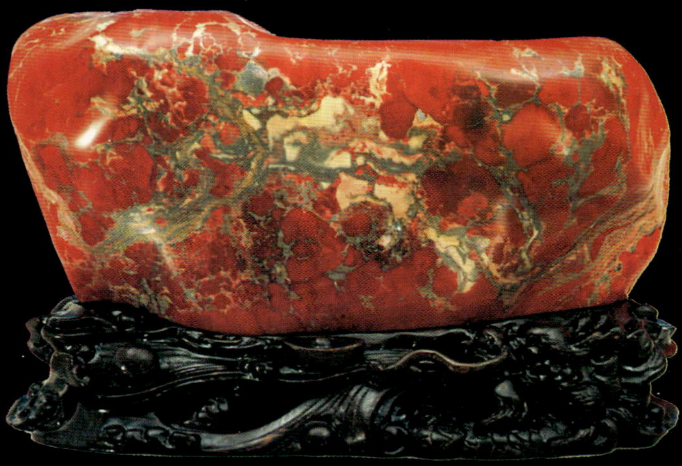

龙元宝

石种：红松石

尺寸：32cm×17cm×10cm

参考价：40 万 ~45 万元

纹理石

鉴评纹理石需要综合图形、构图、色差、石质、石肤、品相等几个方面。纹理石的画面形象，色调丰富，纹理清晰。构图要求简洁，无干扰画面的杂纹色。色差要求图案的色彩与石头的底色反差大，色彩要饱满，这样才能给人比较深

虎聚财源

石种：阿富汗玉

尺寸：113cm×19cm×146cm

参考价：20万~25万元

刻的印象。石质需要一定的硬度，硬度不够不易保存和收藏。石肤要求无破损无打磨，自然光洁。品相要求无裂痕，饱满端庄。

在纹理石的这六个鉴评元素中，石质、石肤和品相是最基本的鉴评条件，图形、色差和构图是更高级的评判标准。

连升三级

石种：大化石

尺寸：26cm×9cm×21cm

参考价：3600~4000元

造型石

对造型石的鉴评除了用一般的标准之外，还可以遵循“瘦、皱、漏、透、丑”的赏石标准。“瘦”指的是石体精瘦，坚硬苗条，气势磅礴；“皱”指的是石体表面凹凸不平，纹路密布；“漏”指的是石身洞眼遍布；“透”指的是多孔多洞；“丑”指的是造型石的外形丑。只要能够具备上述的两个标准，那方观赏石就属于上等佳品了。如果五项都具备，那就是神品。造型石还有一个共同的要求就是命名贴切、配座切题。

化石

因为化石具备保存、鉴赏、科研价值，并且可以作为商品流通，所以一直都有假冒的现象。鉴评化石需要从形态、意韵、质地和色泽入手。要求体态丰满，保存完整；生态背景和生存活动迹象鲜明；石化实体致密坚硬；存有原生物体颜色。化石是鉴定和对比地层、了解地球历史的重要依据，是研究动物与人类起源的珍贵材料。这类观赏石不具备再生能力，所以具有珍贵的收藏意义。

鹦鹉螺

石种：化石

尺寸：9cm×1cm×7cm

参考价：600~700 元

矿物晶体石

鉴评矿物晶体石主要从色泽、透明度、光泽度、稀有性和晶体形态五个方面着手。

萤石

色泽指的是矿物晶体的光泽和颜色。以颜色艳丽、纯净、润泽为佳；多色要求组合自然，对比协调。这样的搭配能够增加赏石的乐趣，给人美的享受。透明度指的是矿物晶体容许可见光透过的程度，分为透明、半透明和不透明三级。一般来说，透明或者半透明矿物晶体更具有观赏性。光泽度指的是矿物晶体表面对可见光反射的能力。一般来说，光泽越强的矿物晶体观赏价值越高。稀有性指的是矿物晶体的稀缺程度，通常情况下，越稀有的越有观赏和收藏价值。晶体形态指的是矿物晶体单晶晶形和集合体的整体形态，单晶要求越完整越好，集合体要求布局合理，完整性好。

鉴赏观赏石的意义

观赏石的鉴赏是人们对观赏石艺术形象的感受、理解和品评的过程。人们首先会从观赏石艺术形象的具体感受出发，进而会有思维活动和感情活动，实现由感性阶段到理性阶段的认识飞跃。鉴赏观赏石的过程会受到艺术作品形象、内容的制约，同时又要根据自己的经验、艺术观点和艺术兴趣对观赏石的形象加以补充和丰富。离开人们的鉴赏活动，观赏石作品便无从发挥其社会作用。

福禄平安

石种：乌江石

尺寸：32cm×13cm×60cm

参考价：5 万 ~6 万元

第四章　怡养心灵——观赏石鉴别与保养

◆ 观赏石的作伪手段

观赏石集自然科学和人文科学于一体，从古至今，一直深受世人的青睐。在宋代，古代赏石体系逐渐形成，发展到今天，赏石文化也产生了一些新的变化。随着改革开放的不断深入，我国经济获得了前所未有的发展，文化繁荣，科技进步，国力不断增强，国民生活水平不断提高。在这种情况下，越来越多的人

犀牛

石种：葡萄玛瑙

尺寸：30cm×18cm×55cm

参考价：1万~1.3万元

加入收藏队伍，观赏石的收藏也越来越火热。然而，就在观赏石爱好者纷纷收藏、赏玩观赏石时，赏石的作伪也悄然而生。在金钱的诱惑下，许多不法商人制假造假。他们"研发"出各种改变赏石造型、体貌特征的"技术"，有的甚至还借助现代高科技手段，令人一不小心就会上当。下面我们简单介绍几种常见的观赏石作伪手段。

改变体貌特征

改变体貌特征就是通过改变观赏石体表的肌理、色泽和包浆的形式，使观赏石的外表更美观，更具有收藏价值。改变体貌特征的主要手段是酸碱腐蚀、勾抹填塞、化学染色、加工"包浆"等。

笑容天下

石种：巴林紫云黄冻石

尺寸：2.6cm×3.3cm×12.2cm

参考价：1.6 万 ~1.8 万元

1. 酸碱腐蚀

利用浓度不同的酸碱溶液不同程度地腐蚀观赏石体表，进行立体造纹，以消除人为加工后的痕迹，其中用高浓度酸溶液作伪的手法最常见。酸溶液在自然流淌过程中对观赏石体表腐蚀形成的蚀痕是深浅不一的，又没有规则性，非常自然，形成的肌理效果非常逼真，故而不容易区分真假。

2. 勾抹填塞

改善观赏石体表肌理和纹饰的主要方法就是勾抹填塞，具体方法是通过用聚酯、染料、高浓度胶水等混合物填充、镶嵌石头表面有人为加工痕迹或有缺陷的位置，以使石体表面的缝隙、坑洞、沟槽更趋平整光洁，观赏价值更高。例如，在采挖或者搬移的过程中，石体发生断裂或者伤残，造假者就会用高强度的胶水将二者黏合，然后再将黏合的部位修补平整，外行人很难发现。

刘海戏蟾

石种：巴林冻石

尺寸：3cm×3cm×13.6cm

参考价：8000~9000 元

天赐鸿福

石种：三江彩玉

尺寸：36cm×18cm×30cm

参考价：2 万 ~2.5 万元

3. 改变颜色

其实，在古代就已经有通过改变颜色使观赏石变得更古色古香、更美观的方法了，到了今天改变颜色的方法更加丰富。下面简单介绍几种常见的改变观赏石颜色的方法。

（1）蒸煮浸泡法

蒸煮浸泡法就是使用化工原料或有色染料对原石进行蒸煮、浸泡、点染，以加深或淡化观赏石固有的颜色，多用于现代观赏石上图案纹饰的作伪。如在普通观赏石上面制作出“龙”“马”“人”“瑞兽”等图案，就可以将普通的石头变为价格昂贵的图案石或文字石。但这种作伪方法具有一定规律性，较易辨认。

双喜临门

石种：巴林巧色石

尺寸：3.6cm×3.6cm×13cm

参考价：8000~9000 元

安居乐业

石种：巴林黄花石

尺寸：10cm×3cm×3cm

参考价：3.5 万 ~4 万元

孔雀石仙女下凡摆件

（2）腐蚀法

用酸碱溶液也可以改变石体颜色。如用浓度较高的酸溶液就可以使色泽灰白的灵璧石显得更黑，且富有光泽，这种灵璧石就可以充当质地纯净的黑灵璧售卖。另外，现在许多人都有慕古尊崇的心理，于是有人用较浓的盐酸清洗白蜡石，使之变成褐黄色，以冒充盘玩时间很久的白蜡石。

（3）火烧法

用微火炙烤使观赏石因高温产生剧烈氧化而呈现出不同深浅、不同色调的颜色。

（4）移花接木法

人们常用移花接木法伪造高档名贵观赏石，如鸡血石。一种方法是将颜色鲜艳的小件石料通过黏接等方式黏合在其他石料上，使石料更具观赏价值，以获取高额利润。另一种方法是将颜色鲜艳的油漆或者朱砂粉混入某种透明化工液体（如环氧树脂等）后，再涂抹在石体表面，为之“增色”，以次充好。

孔雀石春意摆件

（5）染色法

即将成色不好的石头通过涂抹油漆甚至是各色鞋油以冒充市场稀缺的石种。这两种染色法，手法较为低劣。前者石体表面颜色过于统一，显得呆板，很容易辨认；辨认后者的有效方法是用干净白纸擦拭凹陷部位即可辨出真假。

4. 加工“包浆”

所谓包浆就是人们通过长时间的盘玩、摩挲观赏石，在石体表面逐渐形成的一种温润、沉静、含蓄的光泽，多因盘玩时间的长短而呈现出不同的

雌雄同体

石种：雌黄、雄黄、方解石

尺寸：32cm×13cm×25cm

参考价：3000~4000元

特点。包浆光滑沉静，是岁月留下的痕迹，因此深受人们喜爱，因此就有人伪造包浆。伪造包浆的具体方法如下：首先是用标号很高的砂纸仔细打磨石体突出的部位，使之光滑，然后再以帆布、牛仔布等较为粗的布料继续擦拭打磨，之后再以细腻的布面材料浸油或者浸蜡打磨抛光，最后再将石体凹陷处积存的浮尘及蜡液清除干净即可。

改变造型

就是通过一些特殊的加工手段改变观赏石的原有造型，使之鱼目混珠，以获取经济利益。改变观赏石外观造型的方法主要有人工斧凿、机械加工等。

雌黄晶簇

云中仙

石种：天峨石

尺寸：15cm×10cm×25cm

参考价：5000~8000 元

1. 机械加工

就是通过大中型现代化机械工具，如角磨机、凿岩机、电钻等进行加工，通常是将普通造型的石头加工成类似自然景观或者动物等的造型。机械加工一般是改变观赏石的整体外观造型，如石体表面很平缓，没有什么特别之处，或石体造型肥大笨拙，这样的石体通常会被加工。首先是进行初步加工，将观赏石变瘦，或制造出一些孔洞等，使其初步具有观赏效果。完成粗加工以后，还要用电砂轮、打磨机、喷砂机等小型机械工具对观赏石的细致部位进行细加工，这一步主要针对石体表面的肌理、图案、纹饰等，如模仿天然观赏石伪造出纹路、褶皱等，有的还用于观赏石表面“包浆”的加工。

火山弹如意寿桃摆件

花生

石种：砂岩结核石

尺寸：26cm×12cm×17cm

参考价：3000~4000 元

2. 人工斧凿

人工斧凿就是用铁锤、钢斧、钢凿、钢钻等小型工具，以人工方式对观赏石外观和肌理进行砸、劈、凿、钻等。这种方法常用于观赏石体表的小范围加工和细微处理，这是因为人工斧凿不会大范围地对石头进行加工，观赏石在加工过程中承受的力度较小，不易被损伤，可控性较好。对于表现观赏石体表的瘦、皱、透、漏，人工斧凿都能获得不错的效果，可使普通观赏石变得更灵秀、通透、明朗。在现代观赏石中，主要用于造型、肌理、纹饰、图案的加工和表现。有时也会为掩饰石体表面的瑕疵而进行局部加工，以使观赏石更加美观。

底座做旧

观赏石的配座是一个很重要的内容，底座既能保障观赏石的稳固，又能美化观赏石。底座与观赏石一起历尽了岁月的洗礼。在岁月的流逝中，质地坚硬

硅化木弥勒佛摆件

的观赏石不会发生特别明显的变化，而承托观赏石的底座却多是木质的，在观赏石的移动、搬运过程中，在岁月的侵蚀下，底座外观变得疏松、陈旧、黯淡和斑驳，年代越久远，底座就越苍拙、古朴。观赏石底座这种独特之处，也是观赏石的鉴定手段之一。

在这种情况下，一些不法石商便在观赏石的座托上下足了功夫，将一些新底座伪造出年代感，获取高额利润。

木质座托作伪的手法比较多，其中还有一些运用了一些技术手段，辨别起来不是很容易。如通过碳化改变木质座托的内部结构，使底座变得疏松易损，

太湖石戈烟摆件

丹麻彩石江山如画摆件

也有人通过水浸改变观赏石底座的颜色等。石质座托的材质一般与观赏石不同，有人专用不规则的石块敲打底座表面，形成经过自然风化或因搬运造成损伤的面貌等，造成底座的沧桑感。

除了以上介绍的作伪方法以外，观赏石作伪的方法还有很多，这里就不一一赘述。观赏石作伪主要是通过改变观赏石的形状和颜色以期获得以假乱真的效果，因此，刚刚入门的观赏石爱好者在这两方面一定要小心。

修改、增删铭款

观赏石的铭款通常是指在观赏石发现或者流传的过程中，由藏石人或者赏石家书写、镌刻于石体表面的文字或者图案。铭款的内容通常是观赏石的名称、出处、收藏时间和藏者的姓名、斋堂号等，书写字体不一，风格多变。铭款一般镌刻在石表，也有的以墨题写在赏石座托底部。观赏石铭款是观赏石流传的重要信息，除了是观赏石文化艺术研究的重要依据以外，还包含了书法艺术、造型艺术、雕刻艺术，具有独特的历史价值、收藏价值和经济价值。通过观赏石上铭款的时间就可以确定其流传历史长短，因此，从一定程度上讲，观赏石的题款连同题款者社会影响力都会对观赏石的综合价值造成影响，题款自然也就成了决定观赏石经济价值的重要指标。因此，一些具有铭款的观赏石自然也就成为观赏石界炙手可热的宠儿。

济公云游

石种：戈壁石

尺寸：不详

参考价：1.6万～2万元

观赏石铭款的类型有书题和镌刻两种，相对应的作伪方式主要是增添或修改铭款。为使观赏石卖出更高的价钱，铭款作伪的内容通常选择古代一些社会名家的诗词或典故，或在石壁上进行摹刻，或在座托上题写，再辅以相应的作伪技法，将其变得老旧、自然。

◆ 鉴别观赏石真假的方法

对于观赏石爱好者来说，学习观赏石的真假鉴别是十分必要的，这可以避免赏石者蒙受不必要的经济损失。我们简单介绍几种鉴别观赏石真假的方法。

鉴别外观

观赏石之所以备受瞩目，是因为其在大自然神奇之手的修饰下，拥有了千奇百怪的造型和千变万化的肌理。但是，并不是自然界的每一块石头都具有观赏价值和收藏价值。于是，有人开始在观赏石的造型、纹理和图案上下功夫，这种作伪方式非常常见。下面我们以观赏石中的太湖石为例加以说明。

昆石祥云摆件

太湖石拾翠摆件

太湖石造型奇特、通灵剔透、姿态万千，以“皱、漏、瘦、透”为美。太湖石的这些特点均能被造假者伪造出来，我们可以从以下三方面加以辨别。

1. 肌理

太湖石体表的肌理较为光洁，但触摸起来不是光滑的，有滞涩感；而加工后太湖石的肌理仅凹陷部位有滞涩感，突出部位已被打磨得很光滑，也没有明显的凹凸褶皱，与天然肌理是不同的。

有一些观赏石，石表天然存在一些褶皱，非常美观。有人就用酸碱溶液腐蚀石表肌理，伪造出褶皱。但通过这种方法破坏了石体表面的原始风化层，另外，“加工”出来的棱角，以及点、线、面均不够自然、呆板生硬，只要仔细观察，是可以发现破绽的。

报喜鸟

石种：大化石

尺寸：不详

参考价：1.2 万 ~1.8 万元

2. 造型

主要是看石体的造型是否自然。如果遇到一块太湖石，该瘦的地方则瘦，该窄的地方则窄，薄厚适当、大小相宜，堪称完美，就需要十分小心了，以防是伪造的。

黄蜡石仙人洞

节节高升

石种：巴林黄花石

尺寸：3.5cm×1.6cm×6.1cm

参考价：3000~4000 元

3. 孔洞结构

太湖石天然多孔洞，这些孔洞的形状一般呈不规则的圆形，孔洞大小不一，洞中有洞，且曲折多变，没有明显的上下或左右多孔贯穿的情况存在。但伪造出来的孔洞就缺少了一分天然感，往往大小相若，形状饱满浑圆，如果触摸孔壁可感觉到有明显规律的旋切痕，更重要的是石体内部贯穿的孔洞均呈笔直状态，鲜有曲折、大小变化和洞中有洞的情况。

鉴别风化程度的差异

各种物体在自然状态下因物理、化学、生物等作用而产生的一些变化就是风化。观赏石及其座托也会在千百年的流传过程中，受到不同程度的风化的影响，从而发生一些相应的变化，形成一个风化层。这个风化层就是观赏石界所说的“石皮”。

观赏石或石质座托体表所特有的“石皮”是古代观赏石辨识的重要依据。如果一块观赏石的“石皮”受到了破坏，甚至“石皮”不存在了，那么这块观赏石作伪的可能性就很大。如果石表有不太明显的“风化层”，要注意观察观赏石是否被酸碱溶液浸泡或点蚀过。用酸碱腐蚀的石表一般会有一股微弱的异味，而且其呈相十分生硬，不同于自然风化后的石皮，再者使用酸碱后的石表，也会使观赏石及座托表面产生过于锋利的棱角，与自然风化层有着明显的差别。

浮雕型云锦石

满花型云锦石

鉴别题刻的内容、特征

题刻又叫铭文，是指古代文人在观赏石体表镌刻的各种文字。题刻内容主要包括观赏石的名称、藏者姓名、入藏时间及一些诗文等，涉及许多不同字体。观赏石题刻的历史比较久远，早在唐代就有关于题刻的相关记载，至清代，观赏石的题刻已经非常流行。

观赏石题刻具有一定的历史价值，其记载了前人赏玩的某些信息，在收藏日益火热的今日，这些镌刻有历史人物赏玩信息的石头往往更受人们追捧。在这种现实情况下，许多商人根据市场信息对观赏石题刻的内容等进行“模仿”和“复制”，这就需要石友们提高甄别能力。

石

石种：结核石

尺寸：39cm×20cm×30cm

参考价：2500~3500 元

鉴别观赏石题刻可从题刻内容、书体风格及石表风化程度的一致性入手。书体风格是书家多年习书写字形成的，不论是字体结构还是运笔习惯多具有一定的规律性，这种规律在观赏石题刻之时也会如实体现出来。如果我们熟悉和掌握了这种书体风格，不仅可以从中获悉观赏石传承的基本脉络，也可以轻松地进行观赏石的断代。

基本确认了题款和书风以后，要仔细观察题刻部位与观赏石整体风化程度的一致性。众所周知，现代科技水平不断发展，制伪者作伪的手法也在不断进步。但与书体书风作伪不同的是，题款部位的风化效果和观赏石整体风化的状态肯定是有区别的，后刻的题款必定会因镌刻破坏原石的风化层和包浆。现代伪造题刻的技法主要是通过凿刻、喷砂、酸碱腐蚀等工艺表现，这些工艺虽然可以做到与原石风化状态较为接近，但只要我们细心观察，还是能从观赏石整体纹理结构和包浆的一致性上发现破绽，继而判断真伪。除上面的方法之外，我们还可以借助古代文字和形象资料勘察观赏石的历史流传记载进行辨识，也可以通过了解现代高科技作伪手段，对观赏石进行逆向辨识等。

原山暮雨

石种：淄博文石

尺寸：126cm×32cm×73cm

参考价：5万~6万元

◆ 养护观赏石的方法

室内养护

室内养护的方式不止一种，可以进行水养，也可以在石体表面涂抹某种油脂进行养护，还有人认为最佳的养护方式应是天天擦拭、抚摸的自然养护方式。

最常见、最容易操作的养石方法就是水养，且大部分观赏石都可以水养。尤其是在开采、运输观赏石的过程中，难免会不同程度地损伤石肤、石肌，此时可以先用金刚石打磨、修整观赏石，然后把观赏石放在露天的水泥石架上，经常浇水，让其经受风吹雨打，让自然环境风化石肤、石肌，使得石头的质感、色泽等方面逐渐

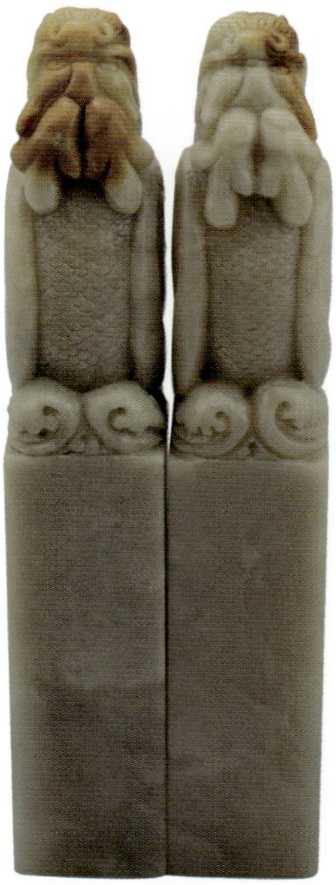

望天犼（一对）

石种：巴林冻石

尺寸：3.7cm×3.7cm×22cm（个）

参考价：2.3 万 ~2.5 万元

灵璧石鹰隼摆件

变得一致。有的观赏石，如江河石，适宜浸润，可以将其浸泡在水中，但不宜长期浸泡，泡两三天就应取出晾干存放；有的观赏石适宜采用喷洒的方式，可以一两天浇一次水，使其表面保持润泽；有的观赏石不宜喷洒、浸润，可以将布浸湿擦拭观赏石，使其保持整洁。一般情况下，以水盘配座的观赏石都适合水养。

油蜡养护在观赏石养护中非常常见，所用的油蜡性物质包括茶油、桐油、橄榄油、核桃油、缝纫机油、婴儿护肤油、凡士林、石蜡、蜂蜡、进口汽车用蜡等。上油的具体操作步骤是首先将观赏石体表的覆土和积尘清洗干净，待石体表面干燥之后，以纺织物浸适量的油脂均匀地涂抹在石体表面即可。上蜡的方式略微复杂一些：仍旧先将观赏石清洗、晾干，然后将石体适当加热，这样涂抹蜡的时候，蜡就会融化，将融化的蜡液均匀涂满石表，再用布擦亮即可。加热石体的方法有多种，可用微火炙烤，也可利用夏天烈日曝晒，还可用电吹风一边涂抹一边加热。

印章

石种：巴林紫云石

尺寸：4cm×4cm×19.8cm

参考价：1.6 万 ~2 万元

对章

石种：巴林石

尺寸：3.5cm×3.5cm×15cm（个）

参考价：2万~2.5万元

油蜡养护可以使观赏石看起来更有质感，并且不需要多长时间就可以使观赏石变得更加温润而富有光泽，还可以使其体表的肌理和图案更加清晰，富有立体感。因此，油蜡养护观赏石是一种较为便捷的方式。

这里要特别注意的是，虽然涂抹油脂可以使观赏石看起来更加美观，但并不是所有观赏石都适合油养。有的石种质地较为疏松，吸附性较强，如果在其表面涂抹油脂的话，很容易渗入体内，有的还易发霉生斑，使石体的颜色变得暗淡、晦涩，再次丧失体表的光泽和温润感，这样的观赏石在油养后反而变得更加不美观。因此，用油蜡养护观赏石要因石而异。

局部养护

局部养护一般只针对两种情况：一种是观赏石在搬运、赏玩的过程中，局部造成了损伤，需要对局部进行修整养护；另一种是对观赏石体表局部明显的观赏瑕疵进行的修整和养护。

针对以上两种情况，首先应选择比石头更硬的金刚石将伤残部位和瑕疵剔除，并在适当打磨、修整后分别处理。如果观赏石是新采集的，在伤残或瑕疵部位修整完之后，最好将其置于户外露天处，令其经受风吹日晒，自然风化。室外养护的时间根据不同情况应区别对待，一般在半年以上至一年以内。同时要注意在一定时间内变换日光照射的角度，这样观赏石的风化程度会比较一致，直至修整部位呈相与整体相近或完全统一后，再移至室内进行局部养护。局部养护的方法不应一成不变，对于硬度较高的观赏石应用高标号砂纸局部打磨，然后再施以油蜡，一段时间后再进行擦拭即可。反之，则不宜封蜡，最好在长期摩挲的过程中养护。

室外养护

室外养护就是让观赏石在自然环境中经受风霜雨雪、严寒酷暑的洗礼，必要时还要对其进行翻身、浇水等，以使观赏石体表的呈相、色泽逐渐达到一致。这种养护方式适用于室外庭院中的大中型观赏石。

菊花

石种：风砺石

尺寸：50cm×13cm×28cm

参考价：3800~4300 元

当然也有人将新采集的中小型观赏石在经过必要的清理、清洗后，置于室外进行阶段性养护，在经过一段时间的室外养护后，观赏石外表的钙质经过风化呈相逐渐统一后，再移至室内进行其他方式的养护。

自然养护

在观赏石界有这样一句话：“养石即是养心”，这句话乍一听有些夸张，但细细品味却是非常有道理的。天然观赏石来自大自然，它千奇百怪的外观是通过自然的神奇造物形成的。人们因热爱大自然，将自然界富有观赏价值的山石移至厅堂宅院之内，供人们观赏，尽享赏山观水的乐趣。还有许多藏石家喜欢将观赏石置于身旁，不仅勤于擦拭，而且还经常用手摩挲，久而久之石质就会变得渐趋润泽、细腻和富有光泽。这种通过人体摩挲进行的养护方式被称为自然养护。

大富贵

石种：三江红彩陶石

尺寸：40cm×25cm×30cm

参考价：6500~7000 元

瑞兽

石种：巴林冻石

尺寸：5.5cm×5.5cm×13.8cm

参考价：1.8 万 ~2 万元

下篇

观赏石详解

第五章 鬼斧神工——不同品类的观赏石介绍

◆ 造型石

观赏石家族中最具影响力、赏玩时间最长、鉴赏理论最完备的一类观赏石就是造型石。中国古代的四大名石都出自造型石，其影响力可见一斑。在各种地质活动的长期作用下得以形成的造型石以外形奇特多变取胜，在园林布景中发挥了重要的作用，具有很高的经济、艺术价值。

戌狗

石种：戈壁石

尺寸：35cm×13cm×28cm

参考价：3000~4000 元

奇峰攀云

石种：昆山石

尺寸 22cm×11cm×50cm

参考价：3000~4000 元

昆山石

昆山石又名昆石，因产于江苏省昆山市玉峰山而得名，与太湖石、雨花石并称为“江苏三大名石”，是我国著名的观赏石之一。

特点

昆山石的主要特征是雪白晶莹、剔透多窍、小巧袖珍，一般大小仅尺许，极少见大者。主要用于室内装饰或制作盆景，不适合做假山，很有观赏价值。

昆山石的品种非常丰富，但其数量却相当稀少，因为昆山石的石英矿脉结构复杂多变，形成了各式各样的石英晶簇，所以有很多丰富多样的小品种，但每个小品种的数量稀少。玉峰山是一座小山，因此岩石的储量十分有限。而且只有晶莹洁白、玲珑剔透的石英晶簇才能称为昆山石，所以数量稀少。

成因

昆山石的岩性主要是白云岩（碳酸钙和碳酸镁），是距今5亿年前的寒武纪时期海相沉积环境的产物。由于地壳运动的挤压，昆山地下深处岩浆中富含的二氧化硅溶液侵入了岩石缝隙，冷却后形成石英矿脉，随后在地质作用下生成晶簇。

分类

昆山石有十多个种类，其种类划分与众不同，是根据出产山峰的名字划分的。昆山有十多座山峰，有鸡骨峰、海蜇峰、杨梅峰、胡桃峰、荔枝峰、雪花峰等，因此就有相应的鸡骨石、胡桃石、荔枝石等，其中以鸡骨石、海蜇石、胡桃石、雪花石最为名贵。鸡骨石是由薄如鸡骨的石片纵横交错而成的；海蜇石状如海蜇，层层叠叠；胡桃石表面皱纹密布，凹凸不平；雪花石形如雪花，纤细灵巧。

登峰造极

石种：昆山石

尺寸：22cm×14cm×27cm

参考价：2500~3000元

瑶池琼台

石种：昆山石

尺寸：26cm×15cm×37cm

参考价：5000~6000 元

英德石

英德石又名英石，它与太湖石、灵璧石、黄蜡石共同构成了中国古代四大园林名石。

特点

英德石是经过大自然精心修饰而创造出来的，它灵巧通透、俊逸嶙峋，同样具有瘦、皱、透、漏的特点，经常用于修建园林和文房清供。英德石与灵璧石一样，都属于沉积岩中的石灰岩，方解石是它的主要成分，它质地细密、雄奇险峻、瘦骨嶙峋、纹理丰富、表面多褶皱、线条曲折多变、外表棱角分明。英德石颜色丰富，有淡青、灰黑、浅绿、黝黑、白色等多种，其中黑色的较多，上面有白色石筋。英德石一般体积不是很大，体形瘦削，如陡峭山峰，玲珑婉转，表面褶皱密集，非常奇特，韵味十足。大块的英德石一般用于修建园林，装饰庭院，小的可制作盆景、摆件，或置于案头赏玩，观赏性很强，在中国赏石文化中占有重要地位。江南三大园林名石之一的绉云峰是现存最著名的英德石。该石现位于杭州西湖畔，陡峭嶙峋、风姿绰约。

成因

在长期的风化和流水侵蚀作用下，石灰岩经过变质慢慢形成了英德石，有的散布在地表，有的深埋于地下，其主要产地是英德市望埠镇以及周边的大镇、冬瓜铺、青塘等地，此外广东肇庆的鼎湖山、广西桂林等地也产与英德石类似的石种。

浮云岫

石种： 英德石

尺寸：37.6cm×15.2cm×19cm

参考价：5600~8000 元

拱桥

石种：英德石

尺寸：高 20cm

参考价：8000~1 万元

分类

从质地上划分，英德石有阳石、阴石之分。

裸露于地表的称为阳石，其长期受日晒雨淋，饱经风霜，在环境影响下，石体具有坚硬致密、古朴沧桑、瘦削嶙峋的特点，石表褶皱得如同花朵，因此人们又称其为“花石”。阳石具有皱瘦的特点，叩之声音清脆，按表面纹理可细分为直纹石、斜纹石、横纹石、大花石、小花石、叠石、雨点石等。阳石观赏性很强，常用来堆砌假山、制作盆景等。历代的赏石爱好者一般是把玩英德石中的阳石。深藏

崇山峻岭

石种：英德石

尺寸：高 72cm

参考价：3 万 ~3.5 万元

于地下的英德石是阴石，主要受溶蚀作用影响，阴石一般质地温润，颜色主要是青黛色，部分表面散布白纹。阴石具有漏、透的特点，造型险峻雄伟，和太湖石类似，有的叩之声音洪亮，有的叩之声音微弱。

蜡石

蜡石又名黄蜡石，是一种风化后经侵蚀、溶蚀作用形成的块石和砾石，因石体表层和内部有蜡状的质感、色感、光感而得名。另外一种说法是此石原产真腊国，所以叫蜡石。

年年有余

石种：蜡石

尺寸：22cm×9cm×16cm

参考价：8 万 ~10 万元

特点

蜡石石质非常好，质地圆滑而细腻，以“透、瘦、漏、皱”著称，以色质取胜，石表柔润、光滑、细腻，以冻蜡石质最佳。蜡石一般出于水中，也有出于山间泥土中的。

蜡石形状奇特，样式丰富，石形有的抽象，有的具体。

蜡石具有稀有性，其艺术价值和收藏价值得到了越来越多收藏家的肯定。由于收藏者众多，蜡石储量有限，随着收藏市场的兴盛其价值也在日渐升高。

成因

石英岩矿物受到地质变动影响，与酸性土壤混合，在酸性土壤环境下长期受地热、火山温度的催化，最终形成了蜡石。其中一部分在山中静眠，另一部分被流水作用搬运到江河中。

弥勒佛

石种：黄蜡石（黄龙玉）

尺寸：10cm×3cm×7cm

参考价：7000~10000元

产地

蜡石主要分布在中国两广岭南一带，以广东潮州和广西贺州的质地最好。此外，辽宁鸭绿江畔、海南五指山及万泉河、云南地热集中地区、江浙一带均有少量分布。在清代，对蜡石的采集、收藏和赏玩就已经普及到岭南地区。

分类

蜡石是色彩造型石，根据颜色不同可以分为黄蜡石、褐蜡石、黑蜡石、红蜡石、彩蜡石、白蜡石、绿蜡石等。以黄蜡石最为普遍，收藏量最大，其他蜡石因为产量稀少，所以比黄蜡石更加珍贵。

悟禅

石种：黄蜡石（黄龙玉）

尺寸：33cm×17cm×63cm

参考价：2 万 ~3 万元

寿

石种：蜡石

尺寸：21cm×12cm×15cm

参考价：1 万 ~1.5 万元

蜡石石英体由于所含颗粒大小、二氧化硅纯度的情况不司，根据质地可以分为冻蜡、胶蜡、晶蜡、细蜡、粗蜡等。冻蜡石体透明、润泽，俗称“冻年糕”，是品质最好的蜡石。胶蜡和晶蜡为高档观赏石，细蜡属中档玩石，粗蜡质地较差，基本不具备观赏价值。

太湖石

太湖石又名“洞庭石”，因产于江苏太湖地区而得名，是我国古代著名的四大玩石之一。一般体量较大，以造型取胜。色彩多为灰色，少见白色、黑色，一般无杂色。

特点

太湖石以造型取胜，石体玲珑剔透、千姿百态，最能体现观赏石“皱、漏、瘦、透”之美，暗含了东方艺术“以意为象”的本质。以灰白、青色、褐黄最为常见，少有黑色。

太湖石尺寸高大，是我国古代皇家园林常用布景的主要石材，很少作为室内清供。

毓秀通灵

石种：太湖石

尺寸：32cm×20cm×58cm

参考价：5000~6000 元

凤凰展翅

石种：太湖石

尺寸：37cm×18cm×56cm

参考价：5000~6000 元

太湖石质地坚脆粗糙，因久经湖水侵蚀，形成形状各异的孔洞，俗称“弹子窝”，扭转回环，妙趣横生。

成因

江浙交界的太湖雨水丰沛，石灰岩在长期的风化和流水作用下自蚀。在大自然的雕琢下，太湖石逐步形成多孔玲珑的结构、曲折圆润的形态。

产地

太湖石产于环绕太湖的苏州洞庭西山、宜山一带，以鼋山和禹期山所产的太湖石最为出名。

大将风范

石种：太湖石

尺寸：30cm×26cm×60cm

参考价：6800~7500 元

分类

依据形成条件，太湖石可以分为水太湖和旱太湖两种：水太湖产于湖中，因为长期受到湖水的冲刷和侵蚀，形成奇形怪状的孔洞。水太湖产出稀少，十分珍贵，很难看到它的踪影；旱太湖产于湖周围的山地，是地质时期形成的石灰石在酸性土壤的长期侵蚀下形成的。旱太湖形状极似山峰，嶙峋俏丽，棱角分明，呈现出独特的自然美。

依据产地，太湖石可以分为南太湖和北太湖两种：南太湖是指太湖流域、洞庭湖流域及其周边山地所产的太湖石，大多数为水太湖，是水浪冲刷形成的，多孔穴；北太湖产于秦岭、太行山等地，大多数都是埋在含二氧化碳和水的土层里，由于长期被水溶蚀，表面多呈苍青色或黄色，形状怪异，雄浑有力。

皇家园林中的太湖石

太湖石是园林石的一种，常出现于皇家园林的布景中。太湖石玲珑剔透、奇形怪状、千姿百态，让人不禁感叹大自然造物的神奇。太湖石或形奇、或色艳、或纹美、或质佳，浑厚古朴、灵秀飘逸、凝重深沉、超凡脱俗，令人赏心悦目，神思悠悠。每一块太湖石都是与众不同的，一石一座巧构思，自然天成，是叠置假山、建造园林、美化生态、点缀环境的最佳选择。

福满金钩

石种：太湖石

尺寸：30cm×26cm×60cm

参考价：8800~9500 元

墨湖石

墨湖石是近年来新开发的观赏石种，因为通体呈墨黑色而得名，又叫柳州墨石、墨石。墨湖石以墨黑色为主，石体漆黑、光润、油亮，给人一种凝重浑厚的感觉，再加上其造型奇特，仿生象形，惟妙惟肖，极具观赏和收藏价值，适合厅堂摆设。

亲情

石种：墨石

尺寸：69cm×17cm×95cm

参考价：1500~2000 元

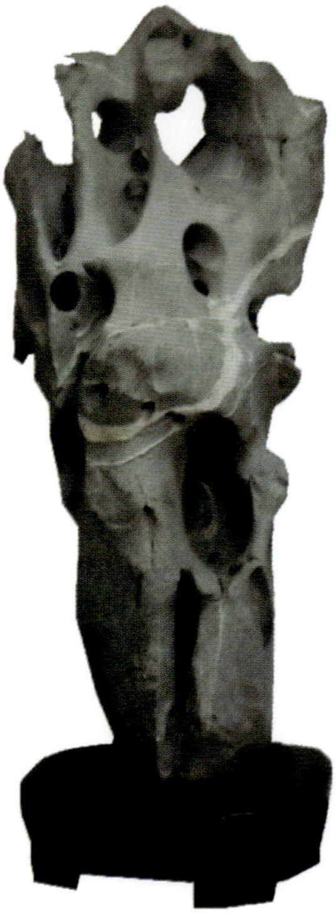

冠云峰

石种：墨石

尺寸：33cm×13cm×84cm

参考价：1200~1800 元

特点

墨湖石的摩氏硬度为 3~4 度，色泽乌黑，外形通透玲珑，形体逼真，体量适中，符合传统的“瘦、皱、漏、透”的美石观。其缺点是石质较脆，容易受碰撞而折损，尤其是边角的地方。所以搬运的时候要十分小心，以免破坏美感。

墨湖石石体黝黑如漆，光洁润泽，质地细密，给人一种古朴凝重的感觉。其石体非常富于变化，形态异常奇巧，除了人物、动物、器皿等象形类外，还有山川、流水、楼塔、亭台等景观石。

成因

墨湖石是碳酸钙沉积岩岩石，属于石灰岩类，石体中含碳质和沥青，是在远古地壳运动以及长期的风吹日晒，再加上含二氧化碳的水长期溶蚀作用下形成的。在水的长期溶蚀下，石体中的碳酸钙成分逐渐消融，所以形成了很多大小不均的孔洞、沟槽和千奇百怪的外形。

产地

广西柳州石灰岩区域的一些平坝、山川及土岭是墨湖石的主要产区，具体产地为柳州、柳江、柳城、合山等地，以柳江县百朋镇出产的墨湖石为最佳。

怪

石种：墨石

尺寸：30cm×12cm×50cm

参考价：500~800 元

无名

石种：墨石

尺寸：73cm×38cm×80cm

参考价：800~1000 元

分类

从产地环境来分，墨湖石分为水冲墨石和旱墨石两种：水冲墨石产于河中，主要受流水的冲刷作用而形成，水洗度极好，光洁鲜亮，温润如玉，一定形态的水冲墨石无须任何人为加工，便可成为具有艺术观赏价值的观赏石作品。天然水冲墨石为深灰色，触水或上油后为纯黑色。旱墨石被浅埋于泥土中，由于受到土壤和水分的长期化学腐蚀作用，石体非常奇巧。旱墨石需要经过轻微处理才能成为合格的观赏石，通常将粗糙质软的石体表层冲刷干净即可。

从纹理来分，墨湖石还可以分为白纹墨石和云雾石等。白纹墨石是指石体上有数道白色纹理的墨石。石上白纹较多者，被称为花墨石；石上布满白点者，被称为雪花墨石，这种墨石十分罕见。云雾石，顾名思义，指纹理酷似云雾的一类墨石。云雾石黑白分明，层次感、立体感强，是优化景区风景的首选之石。

灵璧石

灵璧石因为产于安徽灵璧而得名，又称为磬石，在我国石文化中占有重要地位，被誉为“石中瑰宝”，并有清朝乾隆皇帝御赐的“天下第一石”的美称。

特点

灵璧石除了具备传统美石“瘦、透、漏、皱”的特点之外，还集形、纹、色、声之美于一身。灵璧石摩氏硬度为 5~7 度，石质细腻温润，以墨黑为主。

从形态来说，灵璧石经过上亿年的沉积和风化，具备了“圆、拙、怪、灵”等特点，有的似动物之形，有的具山水之妙，有的纹理图案自然，造型奇特，传神写意。

虎

石种：灵璧石

尺寸：75cm×20cm×30cm

参考价：1.2 万 ~1.5 万元

从质地来说，灵璧石因为长期在地表裸露，经过暴晒和风霜雨雪的洗礼，所以筋骨精炼、嶙峋。

从纹理来说，灵璧石包罗万象，皮表斑驳，有褶皱带、玉脉等不同形态。纹理交错纵横，有平纹、凸纹、墨纹、龟纹、黄沙纹、螺旋纹、鸡爪纹等。

从色彩来说，灵璧石色彩丰富，有的绚丽多彩，有的古朴高雅，除了青黑这一主色之外，还有红、橙、黄、绿、蓝、灰、白、棕等各色以及多色混杂而成的复合色。

从声音来说，灵璧石有悦耳的铜钟声，余音悠长，润人肺腑，能发八音，所以又称为“八音石”，在中国古代用来制作石磬。用小棒轻击或用手轻叩磬石，就能发出金石之声，声音越清越，灵璧石越佳。

成因

灵璧石是碳酸盐岩石，形成于距今约 8 亿年的震旦纪。那时候广阔的海洋产生了大量的藻类，死亡后的藻类与海水中的碳酸盐岩一起沉淀，形成碳酸盐层埋在地下。

莲台清韵

石种：灵璧石

尺寸：56cm×26cm×31cm

参考价：4000~5000 元

洞天福地

石种　八音石

尺寸　26cm×16cm×46cm

参考价：6000~9000 元

这些沉淀物在地球内部温度、压力等作用下成岩，结晶为方解石、白云石。加上混杂着藻类，在岩石上形成了各种色彩的花纹和图案。经过地壳运动，岩层发生褶皱、断裂，加上雨水冲刷，形成了灵璧石。

产地

安徽省宿州市灵璧县境内以及临近的江苏徐州是灵璧石的主要产区。灵璧石的产区大体可以分为三个区域：

第一个产石区面积约 190 平方千米，主要产地为磬石山，是磬石和其他灵璧石品种的主产区。

第二个产石区面积约 90 平方千米，以下楼镇的灵山为起点向西至尤集镇张楼村，向南至张山，向东至罗蛛山，再向北至灵山。此产地囊括了宿州市的埇桥区和灵璧县两个区，主要出产磬石、透花石及纹石类。

第三个产区以灵璧县灵城镇为中心，北至凤凰山、馍馍山，东至三注山，西南至大山，此区主要出产大中型园林石、五彩灵璧石及花山青霜玉石。

灵璧石壮志凌云摆件

分类

据统计，灵璧石一共有 52 大类 400 多个品种，一般来说，灵璧石可以分为磬石类、龙鳞石类、五彩灵璧石类、花山青霜玉类、透花石类、白灵璧石类等。

1. 磬石类

磬石又名八音石，是由细晶质石灰岩构成，含细小而均匀的方解石矿物颗粒，由于受变质作用的影响，矿体被挤压形成了类似“瓷”的结构，所以轻敲能发声。

路路通

石种：灵璧石（磬石类）

尺寸：45cm × 20cm × 30cm

参考价：4000~5000 元

磬石又分为墨玉磬石、灰玉磬石、龟纹石等，除了颜色和形体有差异之外，石质基本相似。

2. 龙鳞石类

龙鳞石又被称为皖螺石，龙鳞石主要成分是方解石，质地粗糙，石身布满凹凸形涡状旋纹。皖螺石又分为红皖螺、灰皖螺、黄皖螺等。

3. 五彩灵璧石类

五彩灵璧石指的是由不同颜色的层纹带组成的一类灵璧石。五彩灵璧石色彩绚丽缤纷，纹理特别，花纹镶嵌，石头上面的图案千变万化，曲折有致。五彩灵璧石可以分为彩灵璧和图案灵璧两种。彩灵璧以色彩取胜，质地细腻；图案灵璧是以图案为主的五彩灵璧石。

吉“象”如意

石种：灵璧石（红皖螺石类）

尺寸：110cm×48cm×100cm

参考价：6000~8000元

4. 白灵璧石类

白灵璧石又叫白灵石，方解石和白云岩是其主要成分，质地细腻，雪白似玉。白灵璧石以白玉状花斑为底色，主要有红白灵璧石、黄白灵璧石、灰白灵璧石、五彩白灵璧石、褐白灵璧石数种。

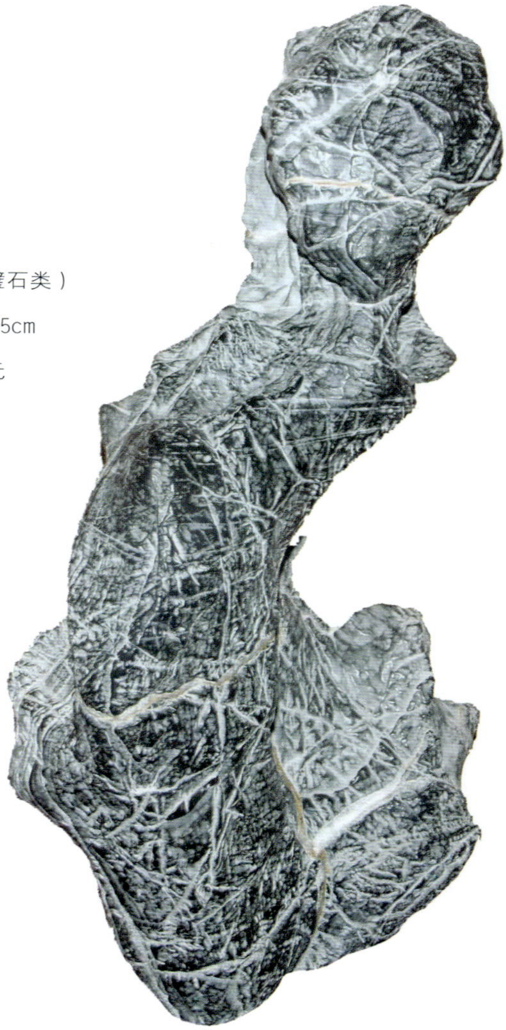

昭君出塞

石种：灵璧石（白灵璧石类）

尺寸：20cm×13cm×55cm

参考价：4000~5000 元

富贵金蟾

石种：灵璧石

尺寸：30cm×20cm×15cm

参考价：8000~1.2 万元

5. 花山青霜玉类

花山青霜玉类灵璧石摩氏硬度在 7 度以上，石质较硬，手感润滑。大多数是以红黑两色组成的，色透石身，自成一体。

6. 透花石类

透花石类灵璧石大多数为黑色和灰色，形状为圆形或者椭圆形，植物、山川、小溪、沙丘、文字等各种图案位于石体内层。

来宾石

来宾石又名水冲石，广西柳州地区来宾县境内红水河中下游河段多产来宾石。此河段峡谷众多，河道狭窄，河湾多险滩，落差大，水流湍急，急流的河水不断搬运、冲刷、撞击、腐蚀着两岸和河床中的岩石，奇特美丽的来宾石得以形成。

特点

来宾石一般整体石形变化不大，比较坚硬，石体润泽光洁，一般具金属光泽;来宾石颜色丰富，主色调是黑、黄、青灰，还兼有黄褐、墨绿等色，沧桑古朴的颜色上还布满清晰的纹理，有细纹、线条纹、粗纹、层叠纹、云纹等很多样式，这些纹理组合成美丽的图案，或轻盈飘逸、或沧桑沉重，展现迥然不同的韵味。叩击来宾石可发出清脆的声音。来宾石造型多样、富于变化，有各种各样的外形。有的似老人儿童，有的如飞禽走兽，有的如山水风景，活灵活现、亦真亦假。来宾石大小不一，有的还有一层彩色釉面，绿釉色的最具有观赏价值。来宾石给人的整体感觉沉稳含蓄，有一种独特的美感，展现了大自然的神奇造物能力，它质坚、形奇、纹美、色瑰、声脆，观赏价值极高。

富贵鸟

石种：来宾卷纹石

尺寸：13cm×8cm×21cm

参考价：3000~3500 元

海豹

石种：来宾石

尺寸：32cm×19cm×38cm

参考价：8000~1.2 万元

鹏程万里

石种：来宾石

尺寸：48cm×17cm×50cm

参考价：6000~8000 元

成因

来宾石原岩约形成于距今3亿年前，它的成分很复杂，主要是灰质岩石，还辅以硅化灰岩、燧石结核灰岩、灰岩等，质地坚硬，摩氏硬度约为6，非常耐磨。明清时期我国就开始开采利用来宾石，那时它就是很有名的石种了。由于河水猛烈地冲刷，再加上砂石磨砺，来宾石表面光滑细腻，水洗度很好，摸起来很舒服，造型变化多端，有的像人，有的似物，有的如景观，拥有很多小品类，数量稀少，是很珍贵的观赏石。

满载而归

石种：来宾石

尺寸：12cm×7cm×19cm

参考价：1.3万~1.6万元

百变随缘

石种：来宾卷纹石

尺寸：35cm×28cm×86cm

参考价：30 万 ~38 万元

分类

受外部环境影响，来宾石的种类非常丰富，总体可分为纹石类、水石类、山石类、化石类。其中纹石类来宾石包括细纹石、线条纹石、粗纹石、层叠纹石、云纹石等石种；水石类包括彩釉石、鸳鸯石、云纹石、水墨石、黑珍珠、龟甲石、松皮石、黄蜡石、木纹石、油卵石等；山石类包括千层石、墨石、石胆石、响石、鱼子石等；化石类包括菊花石、硅化木、壮锦石、珊瑚石、贝类化石等。纹石类和水石类黑珍珠是来宾石中的上品。黑珍珠因其色泽如同黑色的珍珠而得名，它非常坚硬，石肤细滑光洁，绽放着迷人的光芒。纹石类中最负盛名的是迁江的黑色密纹石、金钱纹石，蓬莱洲的疏纹浮雕石、黄牛滩的黄色龟裂纹石等，观赏性极强。

来宾石的科研价值

来宾石的发现，引起了地质科学界的注意，桂林工学院副教授、著名地质专家、观赏石鉴赏家张家志先生 1993 年前后多次与夫人前往实地考察，参观走访了业余藏石家、专业采石者和石农的庭院厅堂，除采集样品外还观察石种 20 余种，得到的第一个印象是："柳州石玩天下奇，观赏石精髓在来宾"。他认为，来宾观赏石很有科学研究价值，他对来宾观赏石形成的历史、产生的地质规律、观赏石石种的分类及其观赏要素（形、色、质、纹、声）成因，进行了深入细致的科学研究，提出了自己的独特见解，得到了观赏石界专家普遍的认同和赞赏。

摩尔石

摩尔石是近两年来在广西红水河水冲石中崛起的新秀，是一种水冲石，在当地俗称"磨刀石"，后因其与英国现代雕塑大师亨利·摩尔的雕塑气质十分相似，所以用摩尔石来命名。

大道圆通

石种：摩尔石

尺寸：30cm×26cm×58cm

参考价：5000~8000 元

特点

摩尔石比例匀称，线条柔美，具象与抽象意味相结合，极富雕塑张力感和艺术感染力。

成因

致密块状的砂岩是摩尔石的原岩，因为成岩后受到火山喷发作用的影响而变质，体块较大，石体没有存留层理面。岩块原来的节理裂隙不是交错纵横的，岩石中的结构、成分又有一定的差异，局部也存在一些不穿透石体的节理。这些部分受到河流冲刷及水蚀而被蚀去，留下没有裂隙的坚硬块体，又因为所处河床环境的特殊，使得那些弧形弯曲部位保存完好。在这样特定的自然环境中，摩尔石形成了奇特的形态。

海狮

石种：摩尔石

尺寸：38cm×18cm×103cm

参考价：4000~6000 元

◆ 纹理石

纹理石，顾名思义就是以纹理奇特美观著称的一类观赏石。纹理石的特色就是具有清晰细密的肌理，绚丽的色彩以及美观奇特的图案。纹理石的美在于它自然形成的象形图案，呈现出深邃的意境。纹理石以卵石为主，大自然赋予它们流畅、美丽的线条和图案，再加上温暖绮丽的色调，带给人们强烈的视觉冲击，让人们在观赏中达到愉悦身心的目的。纹理石目前在收藏界也广受欢迎。

雨花石

雨花石属于天然图像石，其产地是江苏省南京江宁县聚宝山雨花台。雨花石的石质有玛瑙、蛋白石、水晶、玉髓等。从古至今，雨花石的名声一直很大，它的质地、外形、色彩、纹理以及意境，无不美丽，欣赏它可以令人身心愉悦，

陶冶情操。雨花石吸收了天地之灵气，集日月之精华，历尽沧桑，在观赏石界独领风骚。

特点

雨花石细腻晶莹、温润灵巧、缤纷多彩、纹理美观、精致可爱，透明的、半透明的、不透明的都各展其美、各具特色，蕴万物之风采，人们常常把它摆放在案头，陈列于居室，时常欣赏、把玩。雨花石都很小巧，一般直径也就几厘米，其形状是圆、椭圆、扁圆等，看起来玲珑可人、娇小圆润。雨花石色彩斑斓，其颜色大多是红、白、黄、黑、紫、褐、乳白、微黄等，很少见到绿色、蓝色的。雨花石的纹理常是圈状花纹，千变万化，展现山川河流、花草虫鱼等景象，魅力十足。从古至今，多少赏石爱好者深深沉醉于雨花石斑斓的色彩和它展现的飞禽走兽、山水景观的深邃意境中。雨花石的主要特征是“六美”：质美、形美、纹美、色美、呈像美和意境美。质美是指雨花石温润如玉、晶莹细腻，手感很好；形美是指雨花石外形简洁、线条流畅，多呈圆、椭圆等形状，看起来娇小可人，

塞外风情

石种：雨花石

尺寸：6.3cm×2.6cm×5.0cm

参考价：1.2 万 ~1.6 万元

秃鹫

石种：雨花石

尺寸：8.2cm×7.5cm×8.6cm

参考价：6000~8000 元

大白兔

石种：雨花石

尺寸：3.5cm × 2.2cm × 4cm

参考价：3000~3500 元

令人爱不释手；纹美是指雨花石变化多端的圈状纹理，犹如一幅幅水墨画，山水、花草、虫鱼等各种有趣的景象都能在雨花石中找到；色美是指雨花石缤纷绚丽、五彩斑斓，浓淡交错，深浅不一，令人观之心情愉悦；呈像美和意境美是指雨花石的画面清新自然，小小的石头仿佛包罗了宇宙万象，奇巧有趣、意境深邃、韵味十足。质量上乘的雨花石必定石体完好、温润如玉，细腻而有光泽；颜色异彩纷呈，各色相互搭配，整体和谐；纹理奇妙有趣，与其质、色相得益彰，展现了多彩的大自然；形状简单，大小适中，能与纹饰恰当配合。

成因

据相关人员研究发现，雨花石形成于距今 250 万 ~ 150 万年之间。长江下游地区曾经是火山活动频繁的地区，富含二氧化硅胶体的溶液沿着火山熔岩气孔或其他岩石裂隙中的空洞壁，一层一层地沉积固结下来形成岩石。后受地质运动、风化等自然环境的影响，固结的岩石剥离、脱落下来，又经过水流冲刷、搬运和砂石间反复翻滚摩擦，雨花石最终在这里得以形成。雨花石在其形成过程中，带色离子的化合物被裹缠黏带，凝固后形成了雨花石缤纷的色彩。如铁离子致红色，铜离子致蓝色，锰致紫色，二氧化硅胶体石髓可形成半透明的黄色，绿色矿物可形成翡翠色等。这些色素离子在溶入二氧化硅热液中时，由于种类和含量的差异，形成了雨花石缤纷瑰丽、深浅变化的色彩。目前雨花石的产地主要是南京市郊及长江两岸的六合、仪征、江宁、江浦等地，质量最好的产自六合、仪征，且六合、仪征是雨花石最大的产地，全国的雨花石主要产自这里。

分类

我们一般按照矿物岩石种类来划分雨花石，主要的类别有彩色玛瑙、蛋白石、水晶、化石等。

1. 玛瑙类

玛瑙类雨花石为玛瑙质地，绚丽多姿，常见的颜色有红、黑、紫、酱斑、金黄、鬼面青、乳白、五色交杂等色，绿色、蓝色为稀有色。玛瑙为雨花石的珍品，纹理美丽，圆润可人，玲珑剔透，其在水中显得更加美丽，故又称“水石”“细石”。玛瑙雨花石呈半透明状，具有玉的特点，二氧化硅是其主要成分，质地坚硬。玛瑙雨花石的一个特点是具有像树木年轮一样的纹理。

2. 蛋白类

蛋白石类雨花石质地纯净，非常润泽，有单色也有复色，颜色看起来不真切，有如雾如烟如梦如幻的效果。

雨花石飞流直下摆件

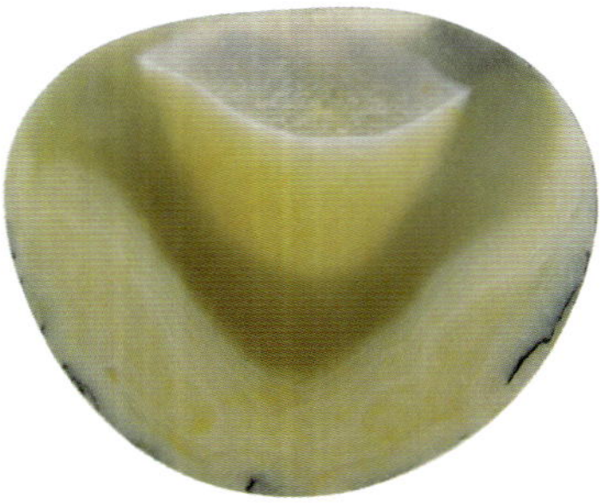

雨花石招财进宝摆件

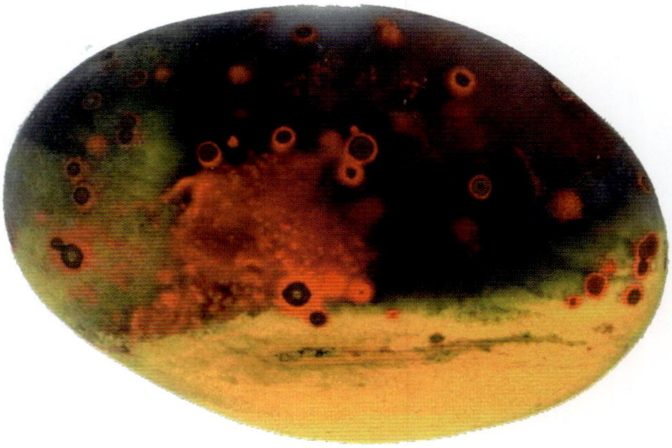

雨花石星星之火摆件

3. 水晶类

水晶类雨花石，除无色水晶外，还有烟晶、茶晶、黄晶、粉晶、紫晶、发晶等很多种类。上品水晶类雨花石多是含有一系列包裹体而构成奇特效果的雨花石。

4. 化石类

化石类雨花石是具有一定观赏价值的动植物或珊瑚化石，若带有色彩就是质量极好的。在雨花石中有许多海洋古生物化石，有的并不为我们熟知，还需要我们研究，大多是被挤压变形的破碎的古生物化石，又混入了泥土，形成含二氧化硅成分的卵石。此类雨花石在科研方面价值极高，一般对地质学和海洋古生物学感兴趣的人爱收藏此类雨花石。

除以上几种主要的品种，还有碧玉岩、石英岩、构造岩、砾石岩等其他岩石和矿物组成的色彩斑斓、纹理美丽的雨花石。

长江石

长江石是出产于长江干流的观赏石的总称，在中国的观赏石中占有重要地位。青藏高原的唐古拉山脉是长江的源头，江水流经复杂的横断山区，河流落

雨花石的赏玩

赏玩雨花石的方式多种多样，下面我们介绍几种有代表性的：

水润：即将容器中注入清水，再放入雨花石进行观赏。雨花石的色彩和美观的花纹与水波交相辉映，更添雨花石的魅力。

迎光：即选一个能放置雨花石的古董小坛，置石其上，放在窗前迎光赏玩。在光下观赏，有些雨花石别有一番韵味。

石组：又名“配锦”，就是将不同色彩、纹理的雨花石组合在一起。配成石组的雨花石，要形状相似，纹、色相映成趣。可以根据自己收藏的数量多少，配置成双碗、四碗、八碗的组石。

握游：即手握雨花石而游。清末民初，曾有一批“握游派”出现在南京、上海、天津，他们仿效“石痴”米芾袖中藏石的遗风，看见心仪的雨花石，便放在袖中，随时赏玩。

雨花石悠游摆件

差大，水流湍急，这为优质绚丽的长江石的诞生提供了良好的形成环境。

特点

长江石产自长江流域，四川泸州河段产出的质量较好。长江石外形轮廓流畅舒展，风姿绰约，清秀雅致。石表光滑圆润，纹理清晰细密，富于变化，大小为 10~35 厘米，大小适度，家庭陈设、把玩均可。

长江上游复杂的地质地貌形成了丰富多样的长江观赏石。长江石中的画面石很有名，题材丰富，此外，还有造型石、色彩石、浮雕石等。长江画面石丰富多彩、题材丰富、各不相同，体现了大自

一口仙

石种： 长江石

尺寸：30cm×22cm×30cm

参考价：1.5 万 ~1.8 万元

红梅盛开

石种：长江红

尺寸：26cm×18cm×34cm

参考价：3000~4000 元

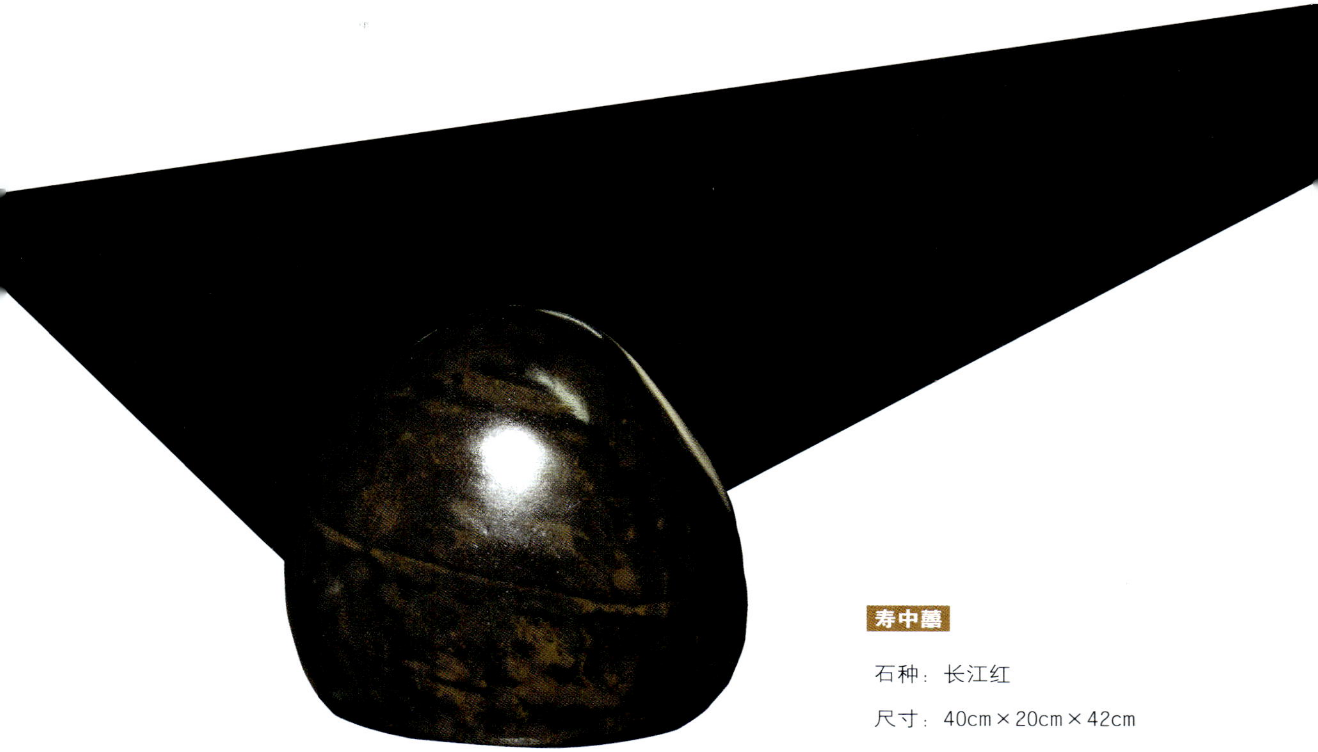

寿中藷

石种：长江红

尺寸：40cm×20cm×42cm

参考价：5500~7000 元

然的造物神奇。画面石的表现形式多姿多彩，有的好像是轻轻雕刻上的，有的又像镶嵌了螺钿，有的似乎涂了一层蜡，有的就如同剪纸皮影，有的像精心创作的水墨画，有的又仿佛漫画卡通，林林总总，妙不可言。不同的石质，不同的气质，千变万化中展现了长江画面石的诱人魅力，观赏价值极强。

长江石色彩瑰丽、缤纷绚烂，有赤、橙、黄、绿、青、白、紫等各种鲜艳的颜色，既有单色也有过渡色，还有多种颜色的复合色。

成因

长江石石质的丰富性和多样性与长江上游复杂的地质地貌是分不开的，长江石资源丰富，多汇聚于四川境内的长江两岸。长江石主要为沉积岩、火成岩、变质岩，上游高山的山石经过自然风化、河水搬运、水砂打磨，形成了色彩丰富、花纹奇特、质地细腻、品种繁多、妙趣横生的长江卵石观赏石。

分类

从金沙江上游到湖北荆州近千米的河道是长江观赏石的产地，不同河段的长江石特征不同，据此我们将其分为青海长江石、云南金沙江石、泸州石、四川金沙江石、江安石、三峡石等。

1. 青海长江石

青海境内长江河段所产的观赏石，我们统称为青海长江石，通天河、楚玛尔河、沱沱河、当曲是它的主要出产地。长江就发源于青海省，这一河段海拔较高，河流落差大，所产观赏石主要是花岗岩类及其他卵石类画面石，画面内容一般多为人物、飞禽走兽、文字等，有时可见小型象形石类和星辰石品种。青海境内多崇山峻岭，采集不易，因此产量少，弥足珍贵。

2. 云南金沙江石

云南金沙江石，也可简称为金沙江石，云南省昭通市一带的金沙江沿江漫滩是其主要产地。金沙江全长 2300 多千米，它的源头在青海省玉树境内，止于

无题

石种：金沙江彩石

尺寸：15cm×8cm×37cm

参考价：1.2 万 ~1.5 万元

一帆风顺

石种：长江红碧玉

尺寸： 22cm×14cm×24.5cm

参考价：2500~3000元

四川省宜宾市，流经云南省昭通市的昭阳、巧家、永善、绥江、水富5个县区。云南金沙江石属于江河卵石，因石种的不同，形成年代、所含矿物成分、硬度及质地都有差异。云南金沙江石质地坚硬，通常摩氏硬度可达到5~7度，有的甚至高达8度；石表温润光滑，手感极好；石色清新瑰丽，纹理清晰，图案多变，底色干净，对比明显；水洗度好，形状独特别致，圆润光滑，意境深远，深受广大观赏石爱好者喜爱。

3. 泸州石

泸州石，又名泸州文石，四川省泸州市境内的长江江畔是其主要产地，在长江石中占有重要地位。雨花状玛瑙、硅质岩、石英岩是泸州石的主要组成成

长江石佛像摆件

分，可细分为雨花石、造型石、象形石、纹理石等，其中雨花石是最负盛名的。此石结构致密，外形浑圆，五彩斑斓，通透澄澈，把它放在水中，更是别有一番韵味，其纹理变化万千，呈现出多姿多彩的图案，观赏价值极高。

4. 四川金沙江石

四川境内金沙江所产观赏石统称为四川金沙江石，四川省宜宾市、宁南县、会东县等地的金沙江河床是它的主要产地。硅质玛瑙、半透明玉质、沉积岩、变质岩等是四川金沙江石的主要质地，其石体质地坚硬，一般摩氏硬度为 5~7 度；五彩缤纷，纹理美

海上日出

石种：长江石

尺寸：37cm×17cm×44cm

参考价：5000~7000 元

刘伶醉故乡醇

石种：长江碧玉

尺寸： 32cm×25cm×32cm

参考价：3000~5000 元

丽，层次感强；石上的天然纹理构成奇峰峻岭、清泉河流、飞禽走兽、日月星辰、寿星观音、花草树木等千姿百态的图案；石表光滑润泽，恢宏大气，具有很高的观赏价值。

四川金沙江石具有自身的独特之处，其纹理颜色非常丰富，可达到 5~7 种以上，且对比度明显，石体色调与纹理颜色搭配得和谐自然，相得益彰。如青色底上一般带有白色或网状晶体图纹；红色、黑色、咖啡色等纹路一般和白色、黄色底色搭配；黑色或黄色等纹路一般存在于绿色底上。有些颜色鲜艳的单色观赏石也非常值得收藏，如具有鲜血般红色的、金灿灿的黄色的、翠绿色的、如美玉般的白色的，美不胜收。多种颜色组合的观赏石，以其颜色对比强烈、搭配和谐的为上品。

5. 江安石

长江石也包括江安石，四川省宜宾市境内江安河段的大小河滩是江安石的主要产地。江安石属江河卵石，变质岩、石英和砂岩是其主要成分，还含有少量火成岩、沉积岩等，摩氏硬度一般为 6~7 度。江安石的主要特点是形态变化万千、纹理丰富、线条流畅、五彩缤纷、图案形象生动。其中的图纹石题材丰富，有山峦风景、小溪清泉、花草树木、飞禽走兽等，还有一些抽象图案，意境深邃；造型石则形态各异，就像艺术家精心雕刻的一样，动物、人物、奇峰峻岭等应有尽有；色彩石更是五彩斑斓，瑰丽多姿。

6. 三峡石

三峡石是长江石中最广为人知的石种，因其产于长江三峡河段而得

长江石芳草碧连天摆件

长江石望江摆件

名。具体来说，湖北宜昌至枝江一带沿江两岸的溪流河谷或崇山峻岭是三峡石的主要产地，包括清江、神农溪、香溪、大宁河、黄柏河、玛瑙河等河床、河滩。从长江上游冲积到此的砾石和该地区古老的前震旦系变质岩、沉积岩和前寒武纪侵入花岗岩共同构成了三峡石的原石。

三峡石具有自身独特的风格，它小巧玲珑、纹理美观、五彩斑斓、造型多变、品种繁多，在形态、色彩、纹理、神韵等方面别具一格，赏石家们认为三峡石是收藏、观赏价值都很高的珍品。如今现有的三峡石被分为浑浊类、花色类、形象类、纹样类、透明类等大类，内含图画石、清江石、墨纹石、赤纹石、多彩石、流纹石、集锦石等共计200多个小类。在三峡石众多的品类中，最负盛名的是图画石，或拟人似物，栩栩如生；或颜色清新亮丽，犹如一幅幅水墨画；或纹理交错，形成文字。它的神奇美丽吸引着众多赏石爱好者的目光。

黄河石

黄河石是天然形成的具有观赏价值和收藏价值的，出产于黄河干流的观赏石的总称。黄河石多为砂岩、粉砂岩类沉积岩，多产于甘肃兰州地区，因此古代又叫它“兰州石”。中华民族伟大的母亲河气魄雄伟，它一泻千里，来势汹汹，彰显着鬼斧神工的技艺，赋予了黄河石艳丽的色泽和伟岸的气势。

特点

黄河石种类繁多、颜色丰富、形态各异、石质细腻，摩氏硬度为 4~7 度，有硅质玛瑙，半透明玉质，独树一帜，令人爱不释手。

祥云布雨

石种：黄河石

尺寸：34cm×10cm×27cm

参考价：3500~5000 元

小山羊

石种：黄河石

尺寸：12cm×6cm×16cm

参考价：4000~5000 元

金猴祝寿

石种：黄河石

尺寸：33cm×15cm×20cm

参考价：8000~10000 元

黄河石具有自己的特色，也具有其他产地观赏石的特点，主要有以下表现：

1. 天然性。黄河石是大自然的产物，浑然天成且保持自然原始的状态，收藏者家中的黄河石都是从母亲河流经的两岸采集的。

2. 艺术性。黄河观赏石富有美感，赋予人无限的遐想，令人回味无穷。

3. 奇特性。黄河观赏石在质地、纹理、图案、色彩、形态、内部特征等方面都表现出生动形象、妙趣横生等特点。

4. 商品性。黄河观赏石具有一般商品的特性，可以直接或间接产生经济价值。

5. 稀有性。俗话说“物以稀为贵”，每一块黄河观赏石都是独一无二，罕贵难求的。

6. 科学性。黄河观赏石包含丰富的历史信息，具有重要的科研价值。

7. 区域性。兰州黄河观赏石承载了黄河兰州段的浓烈地方特色和地区风格。

佛法无边

石种：黄河石

尺寸：22cm×8cm×24cm

参考价：8000~10000 元

成因

黄河发源于青海，经四川、甘肃、宁夏、内蒙古、陕西、山西、河南、山东进入渤海，穿山越峡，翻山越岭，沿途很多形成于成岩时期的原石坠入河道。在黄河河道里，石块不停地被水流和泥沙冲击、打磨，形成蛋圆、扁圆和不规则圆形的黄河石，其表面的光滑程度是人工打磨难以达到的。黄河石色彩艳丽、纹理奇特、形态动人。

分类

由于每个河段的山石岩质、矿物成分和自然条件不同，所以在黄河不同河段出产的黄河石的品质存在着明显差异。按照河段分，黄河石可以分为洛阳黄河石、河曲黄河石、宁夏黄河石、兰州黄河石、青海黄河石等。

黄河石老子悟道摆件

黄河石白云苍狗摆件

1. 洛阳黄河石

洛阳黄河石属于河卵石，是由流水长期冲刷、打磨形成的。产于黄河三门峡至孟津河道弯处、河床低凹处的洛阳黄河石又被称为洛水石、河洛石。洛阳黄河石的主要特点是温润典雅、图纹造型种类多、色泽艳丽。摩氏硬度为 4~7 度不等，石质光滑细腻，形状浑圆，姿态万千，纹理变化无穷。

2. 河曲黄河石

河曲黄河石主要产于山西省河曲县境内黄河中游的娘娘滩和太子滩。河曲县境内地层古老，主要为砂岩岩类，河道蜿蜒，汇入的支流众多，所以大量原石在此河段沉积，长期受黄河水的冲刷、侵蚀、搬运，形成了各式各样的观赏石。河曲黄河石有很多种，其中，造型石大多数都是黄河两岸山中的块岩和泥浆石经水冲刷后形成的，造型层峦叠嶂；图纹石纹理繁复，画面清晰自然，色彩绚丽，观赏价值很高；化石多为贝类、鱼类和硅化木；卵石造型圆滑，石表光洁，石质坚硬，比较适合把玩。

3. 宁夏黄河石

宁夏地区出产的黄河观赏石的总称是宁夏黄河石，主要产于宁夏银川市及中卫县一带的黄河水系中。由于黄河在宁夏地区的流经地多为平原地带，水流较缓，所以形成了众多乱石滩，观赏石资源十分丰富。宁夏黄河石多为石英砂岩、石英粉砂岩、花岗岩、砂岩等，这些岩石经流水长期冲刷、剥蚀、洗磨形成观赏石。宁夏黄河石中最具代表性的是图纹石，其外形浑圆，花纹美丽，构图奔放，色彩斑斓，意境雄浑，石质坚硬细腻。

4. 兰州黄河石

兰州黄河石主要产于黄河上游刘家峡水库至宁夏青铜峡水库的河道，尤其以兰州地槽一段所产最多，故称兰州黄河石。兰州黄河石历史悠久，岩质以火成岩、沉积岩、变质岩为主，石质坚硬细腻，外形浑圆，体积较

黄河石飞越崇山摆件

夜话聊斋

石种：兰州黄河石

尺寸：不详

参考价：5000~7000 元

大，有石英质、玛瑙质等多种质地。兰州黄河石包括造型石、图画石、纹理石、碧玉石等，其中最具收藏价值的是图画石和纹理石，这两类观赏石意境雄浑高远，色调古朴雅致，以暗红色居多。

5. 青海黄河石

青海黄河石主要产于青海省境内的黄河上游主河道，属火成岩，体积较大，少纹理，石表光滑，水洗度好，质地坚硬，石肌细润，造型奇特，多见黑色、青色和灰色。河源石大多分为鼓丁石和乌金石两种。鼓丁石又名星辰石，因为石表有形若星辰的凸出的青灰或灰色圆形疙瘩而得名；乌金石石表起伏多变，孔洞、槽沟遍布。

绿色森林

石种：青海黄河石

尺寸：不详

参考价：3000~4000 元

乌江石

乌江石是产于乌江水系的观赏石的总称。乌江发源于贵州西部高原海拔两千多米的乌蒙山脉东麓，在重庆涪陵注入长江。乌江全长1037千米，水流湍急，河谷深峻，是成就观赏石的绝佳地域，也是我国著名的江河观赏石产地之一。

出人头地

石种：乌江石

尺寸：36cm×14cm×23cm

参考价：8万~9万元

荷塘月色

石种：乌江石

尺寸：31cm×8cm×29cm

参考价：6000~8000元

特点

乌江石达到了我国传统赏石观中的基本标准，在形、纹、色、质等方面表现俱佳，具有很高的观赏、收藏和经济价值。其石质坚硬，摩氏硬度为5~7度，水洗度普遍较好，色泽艳丽古朴，色纹顺畅，石表细腻。

乌江石大多数是图纹石，颜色以黑白为主，红、黄、绿等色比较少见，以画面多姿者为上品。乌江画面石尤其珍贵，其构图完美、生动形象、内容丰富，大部分都是很有立体感的浮雕画面。

成因

乌江石系寒武纪石灰岩，原石主要有泥炭、石灰岩、硅质岩及铅锌矿晶体、白色重晶石、磷矿等，这些岩石或矿石经过乌江水千万年不断地冲刷、打磨，通体乌黑发亮、光滑细润，形成了以坚硬细腻的石皮和千奇百怪的造型闻名的美石。

分类

根据出产河段不同，乌江石可以分为贵州乌江石和重庆乌江石。

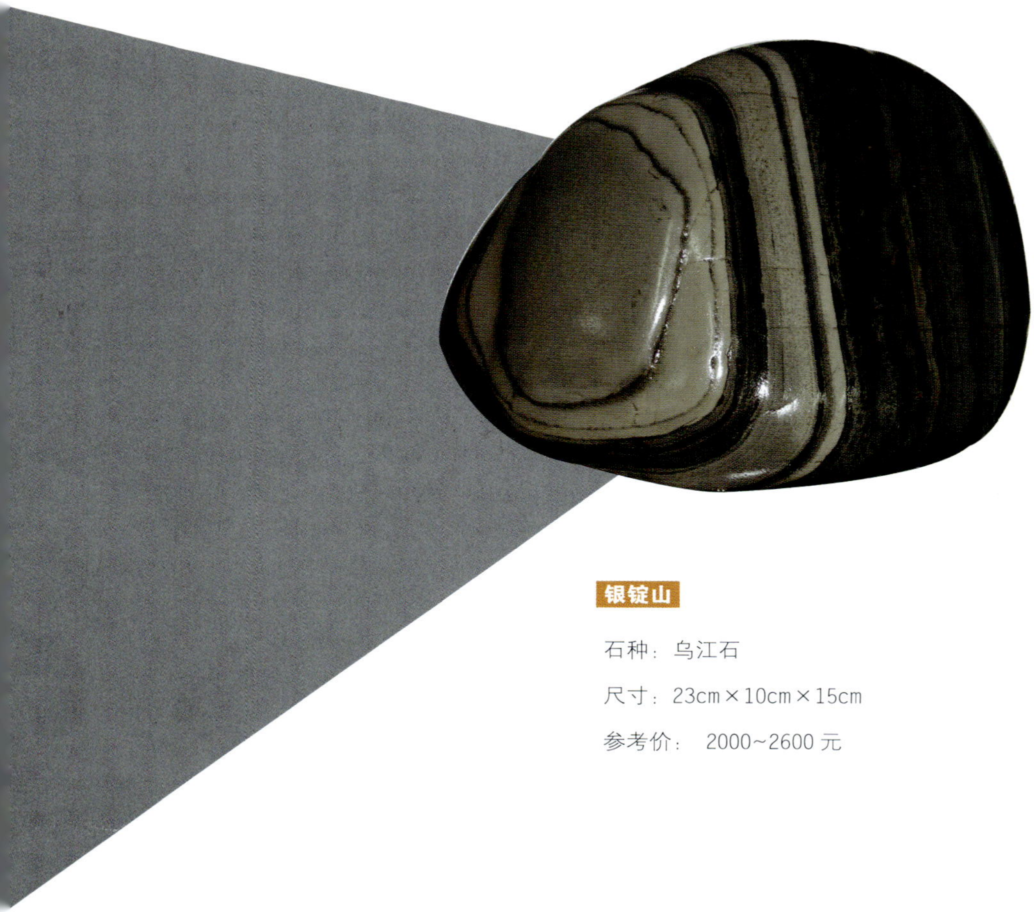

银锭山

石种：乌江石

尺寸：23cm×10cm×15cm

参考价： 2000~2600元

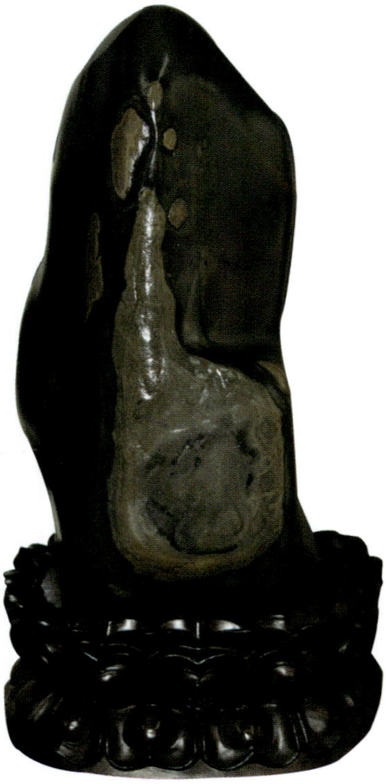

观音

石种：乌江石

尺寸：16cm×9cm×35cm

参考价： 1.8 万 ~2.5 万元

1. 贵州乌江石

产于贵州省德江县长堡的乌江河段的观赏石为贵州乌江石。其特点是质地坚硬、石表光润、色泽典雅、水洗度好、采集难度大。德江县处于乌江下游，境内沟谷纵横，多激流险滩，沿江滩头分布了大量的乌江石。

2. 重庆乌江石

产于重庆市武隆县境内的乌江河段的观赏石叫重庆乌江石。重庆乌江石大多数都是图纹石，颜色以黑白为主，少见红、黄、绿等色，图案有人物、花鸟虫鱼，惟妙惟肖。武隆县处于乌江下游，

禅悟

石种：乌江石

尺寸：16cm×12cm×35cm

参考价：3800~4200 元

地质构造为寒武纪石灰岩，境内有 80 多千米乌江河段，从江口到羊角的河段有 6 个较大的河漫滩，是乌江石的重要储藏地。

彩陶石

特点

彩陶石有大有小，体量大的长可达 1 米，数吨重，小的如拳头大小，平静沉稳，雄奇伟岸，有阳刚之气。彩陶石质地坚硬，摩氏硬度约为 5.5 度，石形以四方形、多边形几何体居多，水洗度很好。

经过水流的冲刷浸染，彩陶石石面十分光滑，各种矿物成分形成鲜亮的颜色，有青绿、黄绿、红、黄、褐、墨等，以绿色为上乘。石上天然过渡色极佳，色泽条纹层次分明。经过水流的长期冲刷、淘洗、抛光，彩陶石形成了形、色、质、纹的优美和雅致、沉静的色调。

彩陶石产于广西柳州合山市马鞍村红水河十五滩，因此也被称为红河石、马安石。彩陶石是近年来发现的名贵观赏石种之一，属于沉积岩，以硅质砂岩和硅质凝灰岩为主。石表色彩柔和，如同古代制作精良的陶器，是一类以色泽取胜的珍贵观赏石。

鼎盛千秋

石种：绿彩陶石

尺寸：38cm × 20cm × 36cm

参考价：3 万 ~4 万元

成因

彩陶石是水冲石的典型代表，产于红水河的下游。产地地形狭窄，红水河流经此地的时候，受到了长达几千米的暗礁阻挡，长年累月，暗礁右侧冲出了一条很深的河道，左侧则形成了一条 300 多米长的回水湾。

彩陶石在此被红水河湍急的流水带着砂石冲刷磨砺而成，石头的表皮被冲刷得十分光滑。由于地壳的变化，河滩上青色的岩层被挤压出条条裂纹，表皮就像染上了一层柔和的色彩。

分类

彩陶石是一种泛称，按石质可以细分为彩釉石和彩陶石两种。彩釉石的石肌似瓷器釉面，彩陶石的石肌似无釉陶面。彩釉石产出极少，石表有蜡状光泽，石肤润泽，形状多为块状，色调沉静优雅，极具视觉美感。彩陶石还可以分为

盛世宝鼎

石种：彩陶石

尺寸：43cm×17cm×27cm

参考价：3 万 ~4 万元

石胆神龟

石种：彩陶石

尺寸：80cm×32cm×25cm

参考价：3 万 ~3.5 万元

绿玉石、黑釉石、黄釉石等种类。彩陶石质地细滑，润泽感佳，质朴典雅，耐酸耐腐蚀，很难加工。其独特的色质对传统“瘦、透、漏、皱”类供石产生了极大的冲击，堪称新派供石的首选代表。

按色泽，彩陶石还可以分为纯色石和鸳鸯石。纯色石是色泽比较单一的彩陶石，大多数为翠绿色、墨黑色、橙红色等，石上天然过渡色极佳，色泽条纹层次分明；鸳鸯石是由两种色调构成的美石，三种以上色调构成的为多色鸳鸯石，以下部墨黑上部翠绿色的鸳鸯石为上品。

壁立千仞

石种：彩陶石

尺寸：41cm×17cm×62cm

参考价：4 万 ~5 万元

大化石

大化石是大化彩玉石的简称，学名为岩滩彩玉石，产于广西大化县红水河岩滩及该河段的水底，是近几年发现的新石种。大化石是水冲石类，属于硅质

宝鼎

石种：大化石

尺寸：45cm×28cm×22cm

参考价：2.6 万 ~3 万元

步步高升

石种：大化石

尺寸：48cm×26cm×27cm

参考价：3万~3.5万元

火成岩，摩氏硬度为5度以上，磨圆度好，色彩绚丽，色调明亮温馨；石表如釉润腻，有油脂光泽，玉质感强；纹理清晰，极富神韵。

特点

大化石兼具了我国各类观赏石的优点，比如寿山石的细腻光洁，玛瑙石的坚硬润滑，灵璧石的花纹变化多样，内涵丰富，还有其他观赏石比较少有的浮雕式的图案及奇特的外形。形状奇特、色彩绚丽、石质坚硬是大化石的三个典型特点。

元宝

石种：大化石

尺寸：45cm×17cm×30cm

参考价：2000~2500元

1. 形状奇特。大化石岩石的结构致密度和硬度差异很大，长期在夹带泥沙的河水冲刷、打磨下，结构致密度和硬度的差异显现出来，结构疏松和硬度低的部分被冲刷掉，形成了形状怪异、姿态万千的各种观赏石。而且大化石所在的河段河床坡度大，水急浪高，加剧了冲刷的力度，所以这一河段出产的大化石比较独特。

2. 色彩绚丽。大化石的另外一个特点是色彩绚丽。大化石原石受到铁、锰等多种矿物元素的浸染，会呈现金黄色、褐黄色、橘黄色、棕红色、橘红色、黄绿色、翠绿色、陶白色、古铜色等色彩，其中多以金黄色为主色调。色彩缤纷灿烂，艳丽古朴，色韵自然，非常具有画面感。

3. 石质坚硬。大化石的形成过程致使其硬度极高，分子结构紧密，表面很难出现裂痕，因此很少见图纹石类。玉化程度高的大化石如水晶般透明、光芒耀眼，表面十分光洁、细腻、圆润，手感极佳，是观赏石中的极品。

齐天大圣

石种：大化石

尺寸：28cm×25cm×65cm

参考价：2 万 ~2.5 万元

成因

大化石原岩是 2.6 亿年前上古生代二叠系地层的石英岩和硅质岩，质地致密坚韧，硅化程度高，玉质感强，石肤温润如脂，光洁莹润，刚柔相济。在漫长的地质年代中，由于受到自然外力的风化、搬运、冲刷以及化学作用，大化石原岩发生质变而形成了大化石。

三江石

三江石是国内外久负盛名的名石之一，产于广西三江侗族自治县，因产于怒江、金沙江、澜沧江三江的交汇处而得名。三江石的石质硬、密度大，就算体积不大的三江石，也需要几个人才能抬起来。

特点

三江石的摩氏硬度达到 7 度，质地坚硬。此石种造型奇特，大多数呈圆形、椭圆形、扁形及不规则圆形，色泽、纹理美丽。造型多呈现景观、动物、人物等各种图像。色彩十分丰富，有全红、血红、花红、紫红、斑红等，为艺术家发现和创作石艺图像作品提供了意境深远、古朴典雅、形色俱佳的良好石材。

蛙声一片

石种：三江碧绿玉

尺寸：45cm×12cm×25cm

参考价：5000~6000 元

北斗七星

石种：三江星辰石

尺寸：26cm×12cm×36cm

参考价：3800~4200 元

鸿运当头

石种：三江彩卵石

尺寸：33cm×20cm×46cm

参考价：6000~8000 元

成因

三江石的石质坚韧，其原岩是广西古老的变质岩系，有碧玉岩、硅质岩、脉石英、辉绿岩、含铁石英岩等。碧玉岩和硅质岩的三江石结构致密，石体坚韧，极其符合收藏观赏石的硬度标准，不容易风化破碎。

分类

三江石的种类繁多，有紫彩卵石、红彩卵石、黄蜡石、画面石、象形石、文字石、景观石、梨皮石、金钱石、沙积石、铁石、油石、黑石等数十个品种。其中紫彩卵石有红紫、花紫、灰紫等；红彩卵石有全红、花红、血红、紫红、斑纹红等；蜡石有红、黄、白、绿、花等，可以说是石色缤纷，争奇斗艳，韵味十足。

菊花石

菊花石生成于两亿多年前，属于纹理石，是地质中的一种天然“花卉”，主要是由天青石或方解石矿物组成的花瓣，由近似圆形的燧石构成了花瓣中心，形似怒放的菊花，所以叫“菊花石”，又名镇业石、富贵石。菊花石是一种极常见的观赏石，深受人们的喜爱。

拂尘化蝶

石种：菊花石

尺寸：25cm×8cm×37cm

参考价：2000~3000元

晓露苞香

石种：菊花石

尺寸：12cm×8cm×11cm

参考价：1500~2000 元

特点

花形多样、生动逼真，适于雕琢是菊花石的两大特点。

1. 花纹奇特美观。大多数花瓣都有层状，有单层、多层之分，立体感很强。其花朵大小不一，花形各异，有凤尾状、蝴蝶状、绣球状等。花瓣也各不相同，有的花瓣长短一致，围绕花蕊均匀散射，好像怒放的菊花；有的花瓣长短不一，组成规则的椭圆形花朵；有的花瓣宽度有异，呈立体散射状，外观上不见花蕊；有的花瓣以陡倾角围绕花蕊向同一方

菊花石随形笔筒

向放射，形似含苞待放的花蕾。菊花石的花蕊与围岩间呈参差状排布，间有泥质层纹或微细层理。

2.适合雕琢。原石开采出来之后无亮色，需要进行加工，确立其欣赏价值。石雕工艺家们善于利用菊花石天然的形、纹和色，运用浮雕、透雕、圆雕和多层次镂空雕的手法，雕刻出各种逼真生动的形态。菊花石雕有一道道工序，如开粗、打平、配座等，以雕刻出各种各样的器具，如砚台、笔筒、盆景等。

成因

菊花石俗称石菊花，产于二叠系栖霞期地层，生成于距今2.75亿~2.7亿年前，当时那些区域以海洋形态存在，随着时间变迁，地表低洼处的地方积存的海水不断蒸发，地质剧烈变动，部分海底淤泥和海洋生物进入地壳深处。当海水中的硫酸锶盐的浓度增加到一定程度的时候便形成了晶体，逐渐依附在燧石核心周围，同时随水中的泥质沉积下来，散布在泥灰岩层中，经过数亿年高温和高压凝聚而成，是一种天然的古生物化石。

菊花石丛中笑摆件

菊花石砚

产地

迄今为止，在世界上其他国家尚未发现有关菊花石的报道，我国是世界上唯一出产菊花石的国家。菊花石产于我国长江流域的某些地区，分布极少。

我们发现的三处菊花石产区，都处于二叠纪地层中。从乾隆年间浏阳菊花石的发现到新中国成立后的两百多年时间里，菊花石的唯一产地是浏阳。20 世纪 70 年代，地质学家发现菊花石与海泡石共生之后，先后在陕西宁强、湖南石门等地找到了菊花石的矿点。20 世纪 90 年代，又先后发现了湖北宣恩长潭乡矿区、恩施红土及江西上高等一些菊花石矿点。

菊花石不仅具有观赏收藏价值，而且对于寻找矿产以及古环境研究具有重要启示。

分类

1．黄石菊花石

产于湖北黄石的菊花石最大的特色是每一块无论大小，菊花多少，颜色或白或彩，都是人们从黄荆山脉一处东西走向千余米、宽度仅数米的残崖夹缝泥土中挖出来的。由于地质的侵蚀作用，花蕊和花瓣呈凹凸状，有的平面差距可达 1~2 厘米，边界清晰分明，富有层次和立体感，毫无造作之意，极具天然之美。

2．浏阳菊花石

湖南浏阳是我国最早发现菊花石的地方。湖南浏阳的菊花石品质最佳，菊花周围基质岩石为石灰岩，在石灰岩中偶尔伴着腕足类生物化石及珊瑚化石，给菊花石增添了无限生命活力。早在 300 多年前，人们就已经在湖南浏阳发现了这种珍稀的工艺原料，直至现在仍然在开发利用。

菊花石工艺品

浏阳菊花石

菊花石傲霜绽放摆件

3．宣恩菊花石

宣恩菊花石是长江流域有名的工艺品石材。由于宣恩县位于长江三峡南岸，所以宣恩菊花石也叫三峡菊花石。它产于我国湖北省西部两亿多年前的二叠纪地层中。宣恩菊花石洁白美丽的菊花花瓣是由天然的天青石和方解石组成的，以花蕊为中心向四周错落有序、恰到好处地伸展，分布在质地细腻的黑色基底之上，花形各异，华美奇特，堪称世界一绝。

4．陕西菊花石

陕西地质工作者于 1977 年在陕西南部首次发现了与浏阳相同类型的菊花石原料，自此陕西成为我国第三个菊花石原料基地。

5．永丰菊花石

20 世纪 90 年代，管小培先生在江西永丰县藤八河一带发现了菊花石，并且将之命名为“菊花水石”。

经人工加工过的菊花石

菊花石的防伪

很多不法分子针对人们追捧菊花石而又不懂菊花石的特点，用其他的石花冒充，甚至石花都是人工雕刻而成的，只是工艺品，没有任何收藏价值。真正的菊花石的中心一般应有一个和花瓣基本同色的基质石，上等的菊花石基材紧密、坚硬，菊花完整无缺，花蕊清晰动人，色泽自然。

龟纹石

龟纹石多呈浑圆状，表面有深浅不一的龟裂纹理，因酷似乌龟背纹而得名。国内最好的龟纹石产于青海省兴海县境内，其摩氏硬度一般可达到7度，十分坚硬。龟纹石历史悠久，在明清时代就有文人采集、观赏了。

特点

龟纹石图纹酷似龟纹，是多角状复体，内部结构呈蜘蛛网状。龟纹石有横层结构和竖层结构两种，横层结构的龟纹石逶迤连绵、沟壑纵横。竖层结构的龟纹石挺拔陡峭，多数呈群山险崖、奇峰伟岩、擎天石柱等造型。

龟纹石适合营造岩壑意境，配座之后制成盆景，更能展现出其峻峭拔雄之势。龟纹石价格不等，其中灵璧龟纹石价格最高。

成因

龟纹石属石灰岩的一种。石灰岩的表层裸岩在自然界的太阳、雷雨及昼夜之间温度剧变的长期作用下，极易发生热胀冷缩现象，而石内与石外胀缩程度又相差很大，久之受风化形成了交叉裂纹。石面裂纹又因长年累月遭雨水的淋溶侵蚀而进一步加深，最终形成了龟纹石。

无题

石种：龟纹石

尺寸：11cm×7cm×27cm

参考价：1.5万~2万元

分类

龟纹石的种类有很多，按照不同的产地可以分为以下几种：

1．河南龟纹石

河南龟纹石的产地是偃师市二里头村，位于洛、伊二水之间，东西长约 2.5 千米，距离洛阳市约 18 千米。

2．安徽龟纹石

安徽龟纹石的主要产地在宿州市灵璧县西北 80 千米的地方，石材表面乱纹横竖，类似龟壳上的纹理，侧面还有棱角。纹理形似莲花花瓣，所以当地人称之为莲花石。主要用来做假山，修驳岸，做盆景等。

3．山东龟纹石

山东龟纹石的产地主要是山东省费县城北的钟罗山山系。此石属于石灰岩，石质坚硬，表面苍古细润，大多数呈现灰白颜色。该石石体上分布着曲折凹陷的沟纹，纵横交错，酷似龟背纹理。除了在费县城北之外，龟纹石在莒县洛河镇洛山、鸡山东坡等地也有分布。

宝岛神龟

石种：龟纹石

尺寸：28cm×15cm×25cm

参考价：1 万 ~1.2 万元

寿星

石种：龟纹石

尺寸：13cm×8cm×16cm

参考价：2000~2500 元

4．湖南龟纹石

湖南龟纹石产于张家界天子山山顶一带，被当地人称为龟岩。石上纹理恰似龟背花纹，斑纹有方形、鱼鳞形、棱形、竹叶形等。只要稍微打磨之后浸入水中，花纹立刻出现，色泽十分鲜明。龟纹石花纹奇特，是雕琢石龟、石砚等工艺品的上等原料。

5．重庆龟纹石

重庆龟纹石产于重庆市涂山、歌乐山，又叫风化石。石灰岩是此石的主要成分，由各种碎石聚合而成，沟纹纵横，色彩相杂。颜色灰白、深灰或褐黄，石质坚硬，石面纹理饱满，龟裂清晰。主要用于景观石欣赏，蕴藏量丰富，体量较大。

◆ 晶体石

地球长期的地质运动，造就了姿态万千、美丽无比的矿物晶体。矿物晶体石是不可再生的资源，存世十分稀少，经济价值和艺术价值都非常高。矿物晶体形形色色，千奇百怪，只有那些色彩艳丽、造型完美的才有艺术价值。具有多面体外形的晶体，有着奇特、稀有、美丽的特性，使创作者能够以形度势，创作出充满趣味的石艺作品。

矿物晶体石

辰砂

辰砂

辰砂又名“丹砂”“朱砂”，是一种半透明矿物晶体，颜色主要是棕红色，硫化汞是其主要成分。辰砂是提炼汞的最主要的矿物原料。

特点

辰砂为粒状或块状集合体，体重，质脆，片状者易碎，断口呈半贝壳状或参差状，粉末状者有闪烁的光泽。辰砂表面呈金刚光泽至金属光泽。纯净辰砂具金刚光泽，是朱红色的，掺入了杂质时光泽暗淡，呈褐红色。辰砂是典型的低温热液矿物，常与辉锑矿共生。石灰岩、板岩、砂岩中出产辰砂，其形成与近代火山作用有关。通常辰砂结晶为 1 毫米左右的颗粒，大于 5 毫米的鲜红辰砂晶体非常稀有，收藏价值极高。

产地

辰砂在我国分布广泛，湖南、湖北、四川、广西、云南、贵州等地都出产辰砂，最主要的产地是湖南西部和贵州东部。我国产出的辰砂质量上乘，晶体完整，色泽鲜艳，贵州曾出产过震惊世界收藏界的“辰砂王”，结晶体大于 2.5 厘米，实在是罕见之极。判断辰砂晶体价格高低的依据主要是晶体大小，晶形完整、色泽鲜艳、整体通透的辰砂晶体都价值不菲。古代产出的辰砂大部分要先运到湖南西部的辰溪，进而转销全国各地，在当时，辰溪就是辰砂主要的集散地，因此我们把这种矿物称为“辰砂”。在古代，文人雅士还经常把辰砂晶体置于案头把玩。明代文人张应文曾在《论异石》中记载：“近时砚山（笔架）书镇（镇纸）有以大块辰砂、石青为者，雅甚。”

辰砂矿物晶体

辉锑矿

辉锑矿是锑的硫化物，属正交晶系，闪耀璀璨，非常美观。

特点

辉锑矿是铅灰色的，不透明，硬度很低，仅稍硬于指甲，性略脆，断口贝壳状，不导电。辉锑矿呈金属光泽且非常耀眼，尤其是在解理面或晶面上，光泽异常灿烂闪耀，造型姿态万千，如有的晶头恰似宝剑，如斧削的长柱形单晶，亮光闪闪，十分动人。

兽首

石种：辉锑矿

尺寸：14cm×5cm×20cm

参考价：2000~3000 元

单晶体呈长柱状或针状，柱面布满明显的呈弯曲状的纵纹。单晶体大小不一，小者几厘米，大者几十厘米。晶体集合体以放射状或束状的为主，以针状及纤维状、粒状、致密状的块体为辅，姿态各异，可爱动人，具有很高的收藏价值。辉锑矿是锑化物中分布最广的，出产于中低温热液充填矿床中。若遇盐酸，辉锑矿立刻会变成橘黄色，随后会变成褐红色，利用它的这一特性可和其他类似矿物相区分，如方铅矿、辉钼矿等。

刺猬

石种：辉锑矿

尺寸：13cm×8cm×15cm

参考价：2000~3000 元

辉锑矿金戈铁马摆件

产地

在国防工业领域，锑的用途非常广泛。目前，在全世界范围内，最著名的辉锑矿出产国是中国、日本和罗马尼亚，而中国的锑储量特别丰富，占世界总储量的一半以上。世界上最大最著名的辉锑矿产地位于我国湖南冷水江市锡矿山，具体说来是安化、邵阳、新宁、东安等地。此外，浙江、贵州、广西、陕西、安徽等省都是我国辉锑矿的主要出产地。

萤石

萤石又称氟石，主要的成分为氟化钙，等轴晶系。纯净的萤石是无色的，但是含微量元素的萤石较为常见，几乎各种颜色都有。

成因

萤石是一种多成因的矿物，主要产于热液矿脉中。一是通过内生作用与热液作用形成，与中低温的金属硫化物和碳酸盐共生。热液的萤石矿床有两类，一种是于流纹岩、花岗岩、片岩中产出的萤石脉，共生矿物中主要是石英，方解石很少；另一种是产于石灰岩中的萤石脉，共生矿物主要是方解石，石英很少，有时候与重晶石、铅锌硫化物伴生。二是在沉积岩中呈层状，与石膏、硬石膏、方解石和白云石共生，或作为胶结物以及砂岩中的碎屑矿物产出。

福在眼前

石种：萤石

尺寸：16cm×7cm×17cm

参考价：3000~4000 元

萤石远山如黛摆件

产地

萤石主要产于热液矿脉中。无色透明的萤石晶体主要产于花岗伟晶岩或萤石脉的晶洞中，十分珍贵。世界萤石的产地主要有南非、墨西哥、蒙古、俄罗斯、美国、泰国、西班牙等。中国是世界上萤石矿产最多的国家之一，占世界储量的 10%，主要产地为浙江、福建、湖南、内蒙古等地。

天然七彩萤石（局部图）

天然七彩萤石

石种：萤石

尺寸：7cm×9cm×12cm

参考价：2000~3000 元

特点

萤石颜色有很多，常见的有绿、蓝、黄、棕、粉、紫、无色等。同一晶体常常有多种颜色，各种颜色条带显示其生长过程中环境条件的变化。

萤石单晶体多呈立方体、八面体、菱形十二面体及矩形，立方体晶面上常有与棱平行的网格状条纹，集合体为粒状、晶簇状、条带状、块状等。单晶体小的仅数毫米，大的达几十厘米。

萤石是透明至半透明的，在紫外光照射下可以发紫或紫红色荧光，阴极射线下可发紫或紫红色光。紫色萤石具有摩擦发光的特性，某些萤石还具有热发光性，即加热或者曝晒后可以发磷光。萤石硬度低，保存的时候需要注意，直接从矿上采下来的萤石有辐射，不宜在卧室摆放。

分类

萤石可以按照颜色和工艺用途来划分品种。

按照颜色，萤石可以分为蓝、紫、绿等品种。蓝色萤石呈绿蓝、灰蓝、浅蓝色，表面深，中心浅；紫色萤石是深紫、紫色，常呈条带状分布；绿色萤石是蓝绿、绿、浅绿色，常见的为晶簇；无色萤石是无色透明至半透明，以单晶体或晶簇出现。

按照工艺用途，萤石可以分为玉石级与宝石级两种。玉石级为粒

萤石紫气东来摆件

状或纤维状集合体，半透明，单一颜色或不同颜色相间，呈条带状分布，多数用于雕刻或制作工艺摆件；宝石级透明，单晶体颗粒大，颜色艳丽，硬度低，常用于收藏和观赏。

方解石

方解石是一种碳酸钙矿物，敲击方解石可以得到很多方形碎块，因此得名。方解石属三方晶系，是一种分布广泛的常见矿物晶体，化学成分是碳酸钙。

特点

一般的方解石是白色或无色的，因为含有其他金属致色元素呈现出淡红、淡黄、淡茶、玫红、紫等多种颜色。完全透明纯净的方解石晶体为冰洲石，是重要的光学材料，有完全的菱面体解理，玻璃光泽，

傲视群雄

石种：方解石

尺寸：25cm×8cm×20cm

参考价：3000~4000 元

火焰

石种：方解石

尺寸：18cm × 9cm × 12cm

参考价：3000~4000 元

透明至半透明，可溶于稀盐酸并产生气泡，具有最大的偏振光功能和强烈双折射功能，透过它看到的物体呈双重影像。

方解石晶体一般发育完好，形态多种多样，常见的有柱状体、菱面体、板状体、三角面体等。单晶大小从几毫米到数十厘米不等，集合体可以是一簇簇的晶体，也可以是粒状、块状、纤维状、钟乳状等形态。有时候方解石会与黄铁矿或闪锌矿等金属硫化物晶体共生，十分美丽。

成因

方解石晶簇主要产于以碳酸盐岩为围岩的热液脉状矿床中，其分布很广，占地壳总量 40% 以上，是地壳最重要的造岩矿石，见于石灰石山，广泛存在于第三纪及第四纪石灰岩和变质岩矿床中。

方解石冰山摆件

产地

方解石在世界各地均有发现。代表产地为中国、墨西哥、英国、法国、美国、德国等。在我国，方解石主要产于贵州、广西、云南、湖南等省，其生成温度一般低于水晶。

水晶

水晶是无色透明的石英柱状晶体，化学组成是二氧化硅。中国古代将水晶称为“水玉”，佛书中称为“菩萨石”，认为水晶有灵光，可以普度众生。我国境内各地几乎都产水晶，以江苏、贵州、四川、海南、内蒙古等省区较多。

别有洞天

石种：紫水晶

尺寸：90cm×45cm×140cm

参考价：1.3 万 ~1.5 万元

水晶矿物

特点

结晶完美的水晶晶体属三方晶系，其晶体状态是由六方双锥和六方柱构成的带锥头的六方体，柱体通常是一头尖或两头尖，多条长柱体连接在一块，通常称为晶簇，形状千姿百态，美丽而壮观。水晶晶簇多种多样，有紫色的紫水晶，烟灰色的烟晶，茶褐色的茶晶，黄色的黄水晶，玫瑰色的蔷薇水晶，无色透明或乳白色半透明的白水晶。

水晶摩氏硬度大约在 6~8 度，熔点 1713℃。水晶有成色等级之分，影响水晶价格的因素很多，一般来说，质地通透、形状奇特的水晶石为上佳，颗粒越大，价格越高。

白水晶簇

水晶的真假鉴别

1. 由于天然水晶在形成的过程中受到环境的影响，往往会含有一些杂质，对着太阳观察的时候，可以看到淡淡的柳絮状物质和细小的横纹，假水晶中则看不到均匀的条纹或柳絮状物质

2. 天然水晶的硬度大，用碎石在晶体上轻轻划一下，不会留下痕迹，若是假水晶，可能会留有痕迹。

3. 将天然水晶竖放在太阳光下，无论从哪个角度观察，都能绽放出美丽的光彩，假水晶则不能。

4. 用舌头舔天然水晶的表面，有冷而凉爽的感觉，假的水晶则没有任何凉爽的感觉。

成因

在一定压力和温度中，水晶结晶而成，其主要成分是二氧化硅。水晶晶体石生长的地方多是地底下、岩洞中，气压约为地面气压的 2~3 倍，并且需要含饱和二氧化硅的地下水源源不绝供应，温度保持在 500℃ ~600℃之间，经过漫长的岁月，二氧化硅才可结成水晶。

当水晶还处于液态的时候，常常会包覆着其他矿石、泥灰一起结晶成长，如金红石、火山泥灰等。水晶之所以会形成各种不同颜色，是因为含有各种微量的金属。水晶也会广泛地和自然界中的各种矿物共生在一起，如云母、方解石等。

在成长的过程中，水晶需要足够的空间，但岩洞、地底的生长空间狭窄，尤其是遇到地震或地壳变动的时候，容易受到其他矿石的挤压，故而产生不同的晶面。所以水晶晶体通常上半截发育完美，下半截不完整。

玛瑙

玛瑙在汉代被称为“赤玉”，与水晶、松石一起被视为古老的玉石品种。在佛教中，玛瑙是七珍、七宝之一，梵语中称为“马脑”，佛经传入中国后，被巧妙地译为“玛瑙”。

特点

在地质历史上的各个地层，无论是沉积岩还是火成岩都能形成玛瑙。玛瑙的种类繁多，一般情况下是以纹带、颜色、裂纹、杂质、砂心、透明度和块重作为分级标准，其中水胆玛瑙最珍贵。无论哪种级别的玛瑙，都以红、蓝、紫、粉红色为佳，并且要求透明、无杂质、无裂纹、无砂心。

萤石、黄铁矿、水晶、白云石共生矿物

葡萄山

石种：葡萄玛瑙

尺寸：18cm×11cm×34cm

参考价：6800~8000 元

供石玛瑙石与玛瑙饰品也有区别，供石玛瑙石不经过加工，配以合适的底座，以纯天然的状态供人观赏，以嶙峋的石表衬托出内里纹理的多变和色彩的艳丽，在粗犷的外表下隐藏着冰清玉洁的本质。供石玛瑙的体量一般是玛瑙饰品的十几倍甚至上百倍。

成因

玛瑙属于玉髓类，一般来说是由二氧化硅的胶体沿岩石的空洞或空隙的周壁向中心逐渐填充，形成同心层状或平行层状的块体。在 1 亿年前，由于地壳的变动，地下岩浆大量喷出，熔岩冷却的时候，蒸气与其他气体形成气泡。这些气泡在岩石冻结的时候被封起来而形成许多洞孔。后来，洞孔浸入含有二氧化硅的溶液凝结成硅胶，含铁岩石的可熔成分进入硅胶，最终这些二氧化硅溶液结晶为玛瑙。

母子情深

石种：内蒙古葡萄玛瑙

尺寸：19cm×8cm×21cm

参考价：4 万 ~5 万元

产地

世界上有许多国家盛产玛瑙，比如印度、美国、巴西等。在我国，玛瑙石产地分布也很广泛，大多数分布在云南、河北、新疆、辽宁、宁夏、黑龙江、内蒙古等地区。辽宁阜新被称为“玛瑙之都”，在内蒙古的大漠中还形成了“玛瑙湖”。

鼻烟壶

石种：内蒙古玛瑙石

尺寸：6cm×3cm×5.5cm

参考价：1.2万~1.5万元

佛在我心

石种：葡萄玛瑙

尺寸：10cm×6cm×10cm

参考价：3.5 万 ~3.8 万元

玛瑙戈壁石祥云摆件

分类

玛瑙的种类有很多，色彩也很丰富。按照色彩，可以分为红玛瑙、紫玛瑙、蓝玛瑙、白玛瑙等，其中鲜艳似火的红玛瑙是玛瑙中的上品；按照透明度，可以分为透明玛瑙和半透明玛瑙；按照外形，可以分为戈壁玛瑙、葡萄玛瑙和水冲玛瑙；按照纹理，可以分为缠丝玛瑙和带状玛瑙；按照特点，可以分为水胆玛瑙、火玛瑙、苔藓玛瑙和竹叶玛瑙。

玛瑙石

玛瑙与玉髓的区别

有两种说法，一种把透明或半透明的宝石级玉髓称作玛瑙，不透明的统一称作玉。另一种是以条带划分，有平行条纹的统一称作玛瑙，包括透明的和不透明的，没有平行条带的统一称作玉髓，包括透明的和不透明的。现在一般采用的是第二种说法。

◆ 化石

古生物遗体和它们的生活遗迹经过自然界的作用保存在地层中形成的石头叫作化石。这些生物遗体大多数都是茎、叶、贝壳、骨骼的坚硬部分，经过矿物填充和交替作用，形成仅保留形状、结构以及印

“节”大欢喜

石种：硅化木

尺寸：31cm×27cm×95cm

参考价：1.5 万 ~1.8 万元

空山论道

石种：硅化木

尺寸：36cm×22cm×51cm

参考价：1.3 万 ~1.5 万元

模的钙化、碳化、硅化、矿化的生物遗体、遗物和印痕，具有很高的观赏、科研和经济价值。

古生物化石分为遗迹化石和实体化石。遗迹化石指的是古生物生活、活动时留在沉积地层表面或内部的痕迹或遗物，比如动物足迹、卵生动物的蛋化石等；实体化石指的是古生物遗体本身形成的化石，比如无脊椎动物的外壳、脊椎动物的骨骼、植物的木质纤维等。

珊瑚化石

珊瑚化石是古代珊瑚虫的石灰质骨骼经石化作用后保存下来的化石，

比珊瑚坚硬许多。无论是在江河还是在山区中，无论是在卵石还是在山岩上，这种海生动物化石都保存在灰岩及泥灰岩中，多为白、蓝、黄、绿等色泽。也有一些红、粉红、粉白珊瑚化石。珊瑚化石千姿百态，古生代的四射珊瑚、中生代的六射珊瑚、新生代的八射珊瑚，都出自我国西南各省及湖南、广东、广西、贵州等地的泥灰岩和灰岩中。

特点

古生代地层中的珊瑚化石是划分地质历史的重要参照

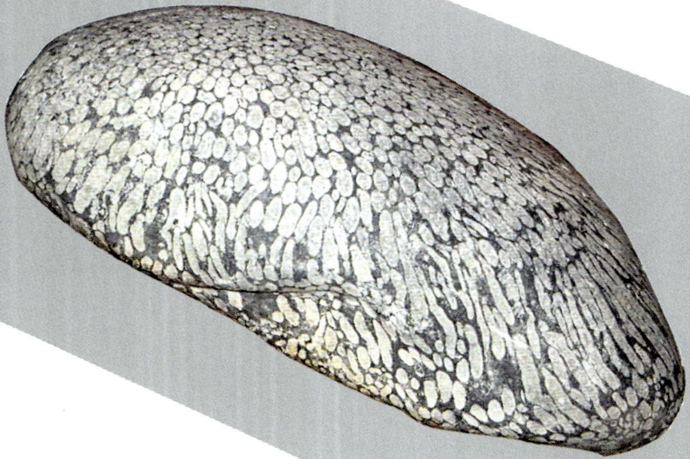

满天星

石种：珊瑚虫化石

尺寸：68cm×43cm×30cm

参考价：2500~3500 元

黑珊瑚化石

石种：珊瑚化石

尺寸：22cm × 7cm × 10cm

参考价：2000~3000 元

物。珊瑚化石具有玻璃光泽或蜡状光泽，不透明或半透明，摩氏硬度为 3.5~4 度，质地较脆。

珊瑚化石颜色美丽鲜艳，包括深红色、粉红色、桃红色、粉白色、白色、黄色、黑色等。宝石级珊瑚化石为红色、粉红色、橙红色，是最有价值的珊瑚化石，可以用来做装饰品。珊瑚化石千姿百态，有树枝状、拖鞋状、多角状、圆筒状、盘状、锥状等，纹路都很清晰，深受观赏石收藏爱好者的喜爱。

成因

珊瑚化石种类多，分布广，生存时限短，主要分布在寒武纪至第四纪的地层内，保存在浅海沉积物内，常与其他典型浅海生物相伴。珊瑚虫属于腔肠生物门、珊瑚纲的无脊椎动物，是由原始多细胞动物的祖先进化而来的。

珊瑚在海中的生长速度缓慢，根据珊瑚石化后显示出的生长纹和生长线来推测，1 米高的珊瑚动物大约需要生长 1000 年的时间。珊瑚死后，它的尸体逐渐为海水中的碳酸钙所代替，这个过程叫石化过程，也有人称为钙化过程，这个过程使得有机质的动物珊瑚变为无机质的化石珊瑚。在珊瑚与硅元素结合后，在一定条件下珊瑚石会玉化。

珊瑚化石

珊瑚化石

分类

珊瑚化石种类丰富，可以分为四射珊瑚、六射珊瑚、床板珊瑚和日射珊瑚四类。

我国出产的珊瑚化石大多数为四射珊瑚，六方珊瑚、贵州珊瑚、拖鞋珊瑚都属于四射珊瑚。六方珊瑚外形呈球团状，为多角柱状块体，顶部及四周有蜂巢状的凹处，横断面是不规则的六边形。六方珊瑚主要产于西南各省及湖南、陕西、两广等地。贵州珊瑚是个体最大的单体珊瑚，因为外形像牛角，又叫“牛角石”，其横断面有辐射状的腔壁和小鳞板，主要产于广西、贵州及滇西。拖鞋珊瑚呈半漏斗状，横断面近似于等边三角形，整体似拖鞋状，主要产于广西。

鱼类化石

在种类繁多的水生脊椎动物中，鱼类是较早出现的。泥盆纪以前，在其他脊椎动物还没有出现的时候，鱼类已经诞生繁衍。泥盆纪时期的主要生物物种是鱼类，所以这个时期又被称为“鱼的时代”。鱼类化石是比较常见的化石，中国内陆地区的很多鱼化石都是淡水鱼化石。

特点

鱼类化石在自然界中较多，但是大型的鱼类化石很难得。硬骨鱼类化石比较丰富，产地较广，北方的狼鳍鱼，

鱼类化石

辽西狼鳍鱼化石

贵州的中华真鳄鱼，鄂西、赣北的江汉鱼和临江鱼等化石，都为艺术家创作石艺作品开辟了广阔的天地。

狼鳍鱼化石体形很小，只有 5~12 厘米，眼大，背鳍位置靠后，具有正形尾，主要产于辽宁、河北、山东、甘肃等地区的浅色页岩中。狼鳍鱼化石有的是条条成群，条数不多时，鱼的形体更显自然。艺术家根据石片上鱼的自然形态，进行了艺术加工和装饰，并配置了与内容相关的精美底座，创作出一件件内容丰富、栩栩如生的生物化石石艺作品。

成因

关于鱼化石的形成，宋代已经有了科学的解释。火山爆发后，鱼体被火山灰压入湖底，窒息而死，由于火山灰的覆盖，与空气隔绝，不会腐烂，久而久之，就印刻在火山灰上了。

相对来说，早期的原始鱼类以及晚古生代和三叠纪的低等鱼类化石比较少，完整的化石更是少之又少，所以这类化石较为珍贵。到了侏罗纪，高等硬骨鱼类，即真骨鱼类开始出现，并且迅速繁盛起来，成为白垩纪和新生代鱼类的主要代表。鱼类化石主要保存在砂岩、粉砂岩中。

鱼化石

鱼类化石

产地

在我国，鱼类化石大多数都分布在湖南省湘乡县和山东省莱阳县。在陕西省眉县、米脂县，湖北省西陵地区和甘肃省华亭县等地区也有鱼化石被发掘。

普通鱼类化石具有很强的观赏性，但是收藏价值并不高，其科研价值远远大于收藏价值。

燕子石

石燕是一种生活在 4.5 亿年前的海底无脊椎动物，属于腕足类，其外形与展翅飞翔的燕子相似，所以被古人称为“石燕”。燕子石具有很高的科研价值和观赏价值，学名叫三叶虫化石。

三叶虫化石

特点

三叶虫头盖呈梯形，边缘有多对刺，两侧的一对最长，尾部形似蝙蝠。因为全身纵横各分为三节，所以叫三叶虫。亚洲晚寒武纪早期的标准化石是三叶虫化石，山东泰安大汶口产的最著名，完整的三叶虫化石很稀有。燕子石保留了三叶虫瞬间动人的姿态，如同穿柳春燕，因此被人们形象地称为“燕子石”。石头上的三叶虫形体清晰，如浮雕般凝于岩板层面，质地温润，色泽古雅，富有天趣。

燕子石通常单个风化散落山野，也有多个化石簇生一团的现象，非常具有观赏价值。三叶虫的形状和大小与中小号的菱角相似。由背、腹两壳组成，腹壳具鸟嘴状尖喙，中央有凹下的腹中槽，全壳都布满自喙散出的壳线，两壳相连绞合线直而长。

成因

三叶虫生成于距今约 5 亿年前的古生代寒武纪，至中生代开始消亡，是统治海洋达 3 亿年之久的海栖古生物。

三叶虫化石

三叶虫死亡后，沉入海底，埋在泥沙里，随着时间的推移，尸体随着泥沙的沉积逐渐被埋在地球深处，由于压力大，温度高，逐渐变成了一层岩石，慢慢地形成了化石。

产地

在我国，燕子石的产地很多，大多数都集中在南方。其中，最早记载的也最有名的是湖南省的祁阳县、零陵县，此地所产的燕子石曾经被作为贡品进奉朝廷。

三叶虫化石

中华震旦角石

震旦角石

震旦角石是一种海生无脊椎软体动物化石，因为石形像宝塔、竹笋，所以民间俗称为“宝塔石”“震邪石”“发财石”或被误称为“竹笋化石”。震旦角石常常被作为贵重礼品馈赠亲朋好友，寓意消灾驱邪，事业、生意兴旺发达。与此同时，震旦角石还具有很高的学术价值，备受学术界的青睐。

特点

震旦角石一般长为 20~50 厘米，最长的达 100 厘米。震旦角石的壳体呈现尖而窄的直长圆锥形，表面具波状横纹，当纵向剖开的时候会看到指向壳体尖端的漏斗状隔壁和体管。沿着完整壳体中央的纵向切面自然风化，并显露其内部构造的，就是震旦角石的佳品。而横向的剖面图就像一幅太极图，所以古时候震旦角石又被称为“太极石”。

震旦角石青云直上摆件

震旦角石老书镇

产地

震旦角石是我国奥陶纪的重要化石之一，其主要的产地在鄂西、湘西北一带的中奥陶纪浅绿灰色或者紫红色具泥裂纹的不纯灰岩中。根据目前所了解，震旦角石仅产于我国，是我国特有的化石之一，“震旦”即为古印度人对我国的称谓。

分类

在我国，角石化石资源非常丰富，南方与北方各有不同的代表性属种。南方奥陶纪地层中的盘角石、米契林角石、震旦角石是代表性属种；北方奥陶纪地层中的灰角石、阿门角石、鄂尔多斯角石是代表性属种。

琥珀

特点

琥珀是碳氢化合物，是有机物，含有琥珀酸和琥珀树脂，质地松脆，断面平滑，具有玻璃光泽，透明或半透明，密度较大，摩氏硬度为 2~2.5 度，适宜雕刻加工。琥珀内部经常可见气泡以及古老昆虫或植物碎屑，表面常保留着当初树脂流动时产生的纹路。

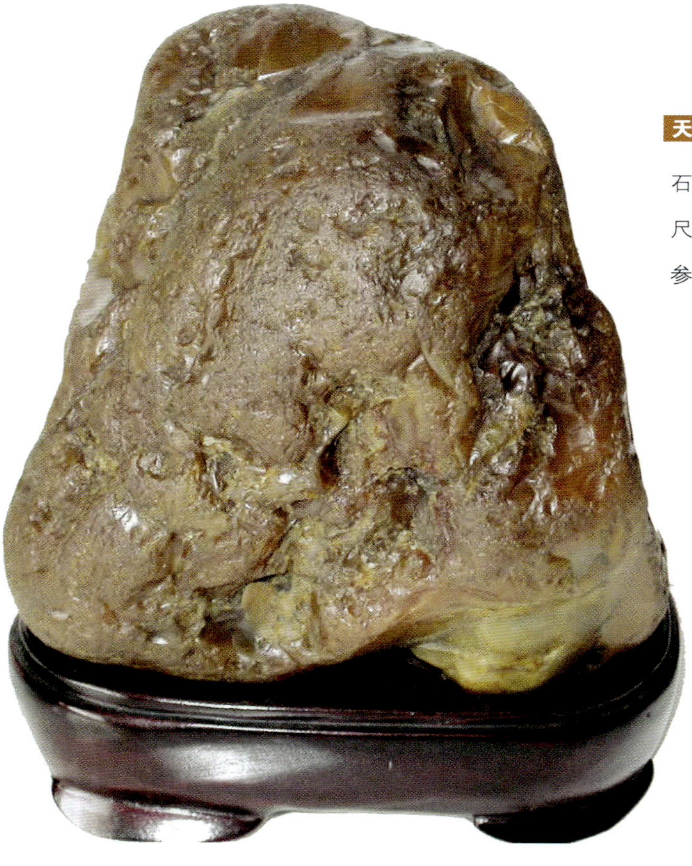

天然琥珀

石种：琥珀

尺寸：15cm×10cm×15cm

参考价：2000~4000 元

海底世界

石种：琥珀

尺寸：7cm×4cm×5cm

参考价：2600~3500 元

琥珀具有各种各样的形状，大多呈饼状、瘤状、肾状、颗粒状、拉长的水滴状和其他不规则形状。琥珀易溶于酒精，易燃烧，加热到 150℃即软化，至 250℃ ~300℃的时候熔融，散发出松香气。

琥珀属于非晶质体，颜色多为黄色、橙黄色、血红色、棕色、褐黄色等，淡紫色和浅绿色的品种十分罕见。根据琥珀的形状、颜色、大小以及包含昆虫的清晰程度等不同的情况，可以对其进行不同的价值定位。绿色和血红色的琥珀为好，颜色浓正，杂质不多的更佳。最贵重的琥珀是包裹着昆虫的琥珀，昆虫清晰、形态栩栩如生、个体大、数量多的最佳。

成因

琥珀是第三纪松柏科植物的树脂经地质作用掩埋地下，经过漫长的地质时期，树脂失去挥发成分并聚合、固化而形成的一种树脂化石。

琥珀属于沉积作用下的产物，主要产于白垩纪到第三纪的沙砾岩、煤层的沉积物中，距今约 3.5 亿年至几千万年。琥珀形成后，经过沉积、流水等地质作用，主要储存于煤层、沉积地层及滨海砂矿中，有小部分琥珀来自砂岩层和黏土层。

琥珀原石

虫珀

产地

世界上著名的天然琥珀的主要产地在俄罗斯、波兰、丹麦、挪威、罗马尼亚及多米尼加共和国。除此之外，美国、英国、印度、缅甸、新西兰、中国等地也有出产。在我国，最有名的琥珀产地是辽宁抚顺和河南南阳，其中抚顺所产的琥珀质量更佳。

分类

按照色泽、透明度和纯净度不同可以将琥珀划分为金珀、血珀、香珀、灵珀、水珀、石珀、虫珀、明珀、花珀、蜡珀、蜜蜡、红松脂等，不过这样的划分并不科学，没有明确的定义，只是一种约定俗成的划分办法。金泊指的是金黄色的琥珀；虫珀和灵珀指的是含有动物遗骸的琥珀；花珀指的是经过人工制作的黄白或红黄相间、颜色不均匀的琥珀；血珀指的是红色系的琥珀；水珀指的是内含水滴的琥珀，也叫水胆琥珀；蜜蜡指的是不透明的琥珀；香珀指的是摩擦后香味明显的蜜蜡。

虫珀

保养琥珀的注意事项

琥珀易熔化，忌热、忌曝晒，所以琥珀制品不宜放在高温的地方，应该避免太阳直接照射。琥珀易脱水，过分干燥的环境会使其产生裂纹。琥珀属于有机质，不宜接触有机溶剂，比如指甲油、酒精、汽油、煤油等。琥珀性脆，硬度低，与硬物摩擦会使其表面毛糙，产生细痕，所以应该避免摩擦，在清洗的时候不要用毛刷或者牙刷等硬物。

◆ 印石

印石质地温润，色彩雅丽，软硬适中，易雕刻。常被作为印章制作或者雕刻各种工艺品的原材。其主要矿物成分有叶蜡石、地开石、高岭石，另外还含有高岭土、伊利石、红柱石、石英等。

印石品种繁多，最为著名的是福州的寿山石、浙江的青田石和昌化石、内蒙古的巴林石。寿山田黄石、青田灯光冻和昌化鸡血石被称为“印石三宝”。

巴林石

巴林石因产于内蒙古自治区赤峰的巴林右旗而得名。1000 多年前，巴林石被一代天骄成吉思汗称为“天赐之石”，是进献朝廷的贡品。

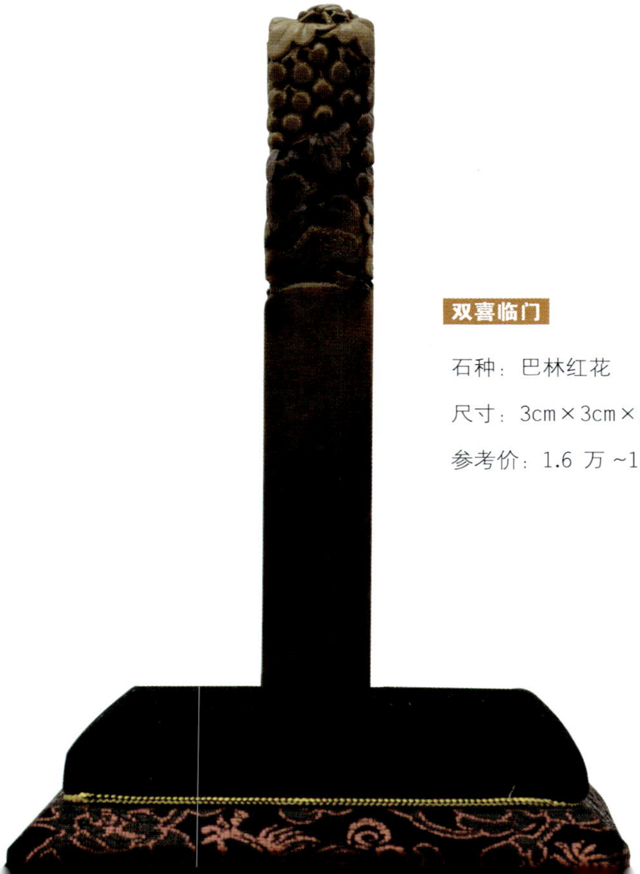

双喜临门

石种：巴林红花

尺寸：3cm×3cm×20cm

参考价：1.6 万 ~1.8 万元

特点

巴林石属叶蜡石，质地细腻，颜色柔和，整体通透，是适合用来制印或雕刻工艺品的上乘石料。但是其色素成分不够稳定，稍显遗憾，在阳光和紫外线的照射下有的品种易褪色。

巴林石主要有以下四个特点：

第一，质地纯净，澄澈通透，五彩斑斓。巴林石质地致密，温润如玉，细腻光洁，透明度较高，有美丽的纹理，颜色缤纷绚丽。它的颜色主要有朱红色、橙色、黄色、绿色、蓝色、紫色、白色、灰色、黑色等。巴林石中不透明、微透明、透明的都有，石体上往往有浑浊雾团状痕迹。

童子拜寿

石种：巴林黄花

尺寸：3.4cm×3.4cm×19cm

参考价：2.3 万 ~2.5 万元

瑞兽

石种：巴林紫曦

尺寸：3.5cm×3.5cm×12.8cm

参考价：1.5 万 ~1.8 万元

第二，品种丰富繁多。巴林石品种十分齐全，大多是白色的石材，可分为水晶冻、鱼脑冻、桃花冻、芙蓉冻、夹板冻、彩霞冻、羊脂冻、竹节冻等 100 多个小品种。

第三，软硬适度，易于雕琢。巴林石的硬度低于寿山石、青田石、昌化石，很适合制印，也常用来制作摆件等，深受赏石家喜爱。

第四，资源丰富。大规模开采巴林石只是近几十年的事情，因此现今它的储量比寿山石、青田石、昌化石大得多。如果有节制地开采，再用科学的方法管理，我们还可持续开采巴林石资源数百年。

成因

巴林石是富含硅、铝元素的流纹岩，是受到火山热液蚀变作用而发生高岭石化形成的。成矿晚期，一些硫化物和其他矿物质沿高岭石的裂隙贯穿，斑布、浸染石上，造就了巴林石丰富的色彩。

分类

巴林石的分类命名也大体上采用了传统印石的分类方法，从质地、颜色上来进行分类，可把其分为鸡血石、福黄石、冻石、彩石、图案石五大类，共计 100 多个品种。

1. 巴林福黄石

福黄石质地与寿山的田黄石很相近，质地润泽，细腻光滑，颜色主要为黄色系，有橘黄、金黄、鸡油黄色等，与田黄石难分上下。福黄石的主要成分为高岭石，长期受地下水冲洗、滋润，通透温润。福黄石外观美丽，品相极佳，是巴林石中的珍品。

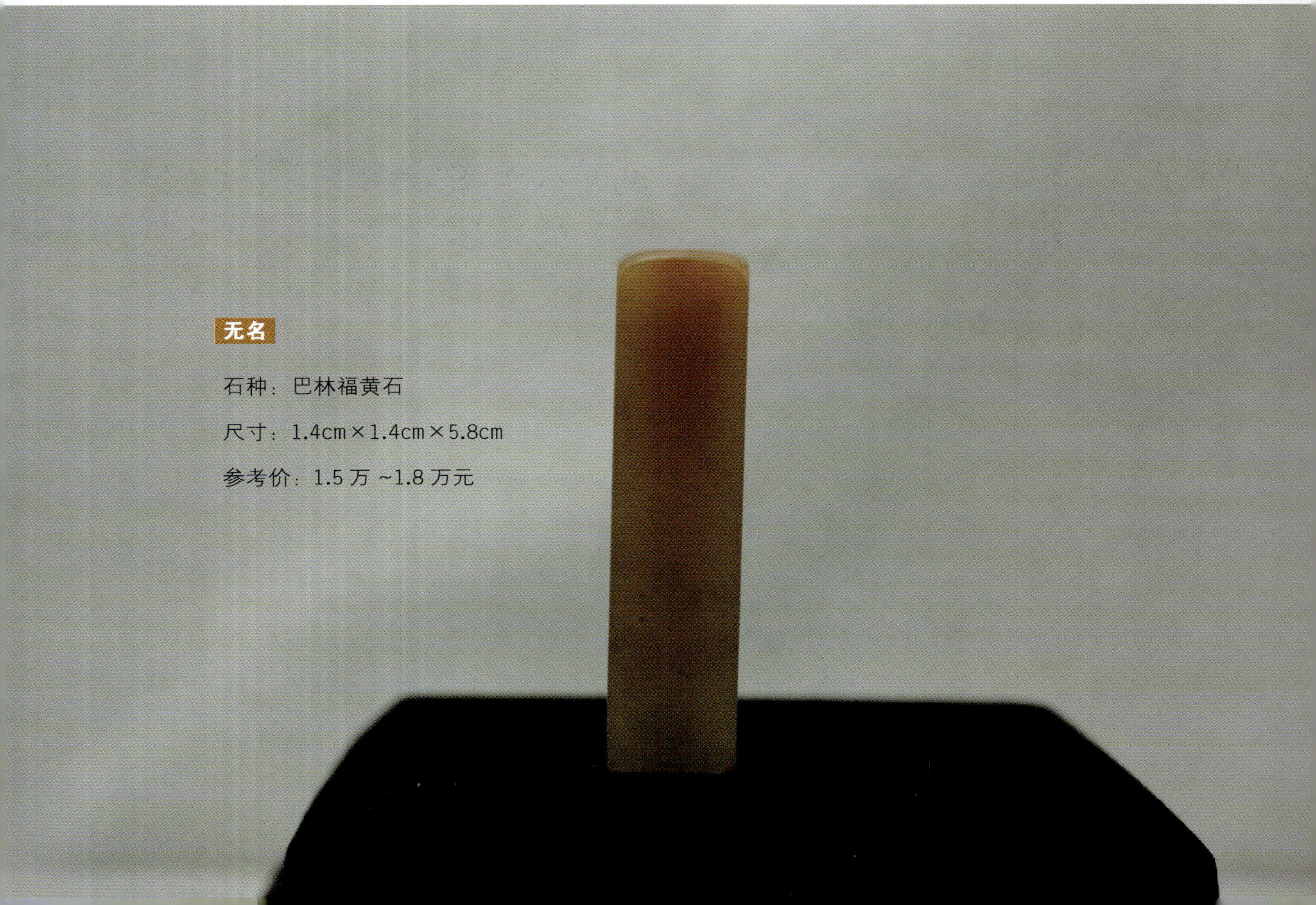

无名

石种：巴林福黄石

尺寸：1.4cm×1.4cm×5.8cm

参考价：1.5 万 ~1.8 万元

巴林石印章

石种：巴林红花

尺寸： 7.7cm×7.7cm×39cm

参考价：28 万 ~29 万元

2. 巴林鸡血石

指颜色与鸡血很相似，呈朱红、鲜红色的巴林石，它动人的色彩是由红色辰砂渗入形成的，其血色醒目亮丽，还可见血脉，极具美感。其中还有一种紫色鸡血石，颜色紫红，是因内含黑辰砂导致的，品相也很不错。鸡血的含量、存在形态、分布特征等方面各不相同，据此我们可以将巴林鸡血石分为全红、条带红、斑杂红、星点红、云雾红等品种。

3. 巴林冻石

质地细密光洁，如婴儿的面部一般嫩滑，通透晶莹，纹理多变，灵巧清新，颜色娇柔瑰丽，富有光泽。其中品相极好的是彩霞冻石，石质洁净澄澈，肌体中渗透着的红色纹理如云霞般缥缈美丽，富于变化，犹如画家精心创作的红霞漫天的水彩画，让人惊叹不已。

4. 图案石

其展现了千姿百态的景物图案，栩栩如生，令人惊叹。

巴林石印章

石种：巴林粉冻

尺寸：2.3cm×2.3cm×9.2cm

参考价：1.8 万 ~2 万元

童子戏象

石种：巴林结晶红花冻

尺寸：3.8cm×3.8cm×13cm

参考价：6.5 万 ~7 万元

5. 巴林彩石

其颜色斑斓绚丽，石上布满天然多姿的彩色图案，变化万千、形象生动，极具观赏价值。其颜色有乳白、浅绿、浅紫、黑灰、褐黄、青灰、紫红、蛋青等，它们巧妙搭配、相互映衬，有时流畅的线条会在石表面形成水草松枝等天然图景，巧夺天工，展现了大自然造物的神奇。

鉴别巴林石四字诀

摸：通过触摸石表面来感觉石的润滑程度。
刻：用器物对石头进行刻划来测试石的硬度及石性。
看：用目测和镜测来鉴定石的结构和纹理。
辨：相互对比辨别好坏和真伪。

青田石

青田石是我国传统雕刻、印石的精品石材之一，是我国“四大印章石”之一，易于雕刻，深得篆刻金石家的喜爱。青田石因产于浙江省青田县山口镇而得名，是叶蜡石的一种，成分主要有叶蜡石和石英。

古兽

石种：青田石白果

尺寸：2.6cm×2.6cm×8.5cm

参考价：6000~8000 元

冰心

石种：青田石

尺寸：3cm×3cm×12cm（一个）

参考价：1.2万~1.5万元（一对）

特点

青田石质地细腻均匀，软硬适中，花纹奇特，属于叶蜡石类，显蜡状，呈透明、半透明、无透明状，具有很好的雕刻性。青田石具有“六相”：纯、净、正、鲜、透、灵。这“六相”既是赏石标准，又是鉴别上好石品的标准。

青田石常夹杂于坚石之中，很少出现大块，其石质十分细密，摩氏硬度为2.5~3度，色彩丰富，包括白、黄、绿、青、黑等。受地质作用的影响，石中各种矿物色素相互浸染、压固、胶结，形成各类奇特花纹，增加了青田石的艺术价值。

产地

晚侏罗纪到白垩纪时期是青田石的成矿年代，青田石的主要矿点有：浙江省青田县山口镇山口区的方山、山炮、山口、塘古，北山区的岭头、白岩、季山、周村、石门头，石山区的下堡、方山一带山口的叶蜡石储量是最大的。

分类

青田石种类繁多，观赏石界对青田石种类的划分还未达成共识，通常按照其颜色、石质、透明度、纹理等划分为普通青田石和青田冻石以及所属的百余个品种。冻石类是青田石中的佳品，以灯光冻、封门青、五彩冻等最为名贵。此外，黄金耀、金玉冻、红青田、夹板冻等也是比较珍贵的品种。

金鸡报喜

石种：青田石榴红

尺寸：2cm × 2cm × 7.5cm

参考价：4000~5000 元

瑞兽呈祥

石种：青田封门青

尺寸：3cm×3cm×8.5cm

参考价：3000~4000 元

1. 灯光冻

灯光冻又叫灯明石、灯光石、灯光，产于山口封门、旦洪和方山白垟一带，在灯照下呈红黄色或微黄色。此石细腻温润，色泽鲜明，纯净透亮，富有光泽。

2. 封门青

封门青又叫凤凰青、青冻，因为产于封门山而得名。其石质细腻，呈微透明或半透明状，青绿色深浅不一，肌理常有白色或浅黄色线纹。封门青不坚不燥，易于动刀，是印雕和石雕的良材。

青田石印章

石种：青田石红蓝冰花

尺寸：2.5cm×2.5cm×7cm

参考价：8000~1万元

3. 五彩冻石

五彩冻石石质细腻，呈半透明或透明状，颜色丰富多样，是青田石名品之一，因其五彩斑斓的颜色而得名。上品为质地细腻、颜色柔和不乱者。

青田石的保养

由于青田石温润细嫩，所以储存保护时应该避免阳光直射、高温环境和风吹，否则石体会褪色、出现裂纹。灰尘中含有细小颗粒，沉积多了会损害石体，为了方便观赏可以将石体放于玻璃橱内。青田石属于叶蜡石，光泽度高，保养十分简单，多采用封蜡法，即用电吹风将石头加热，在石体上涂一层蜡，冷却后用毛巾或软布擦亮。经这样保养的青田石，色泽和亮度可以长久保持。

寿山石

寿山石又叫“塔石”，是我国传统的“四大印章石”之首，我国著名的石雕艺术——寿山石雕就是由寿山石衍生而来的。寿山石因产于福建省福州市晋安寿山村而得名。寿山石属于叶蜡石类铝硅酸盐，质地细腻，温润可爱。

弥勒佛

石种：寿山浙江绿

尺寸：7cm×5cm×7cm

参考价：4 万 ~5 万元

特点

寿山石是进行石雕创作的上等原料，也是中国传统印石的主要材料。寿山石摩氏硬度比较低，约在 2~2.5 度之间，质地润泽、温润如玉、色彩斑斓、晶莹剔透，深受藏石家的喜爱。

寿山石衍生出来的石雕艺术——寿山石雕表现技法主要有圆雕、矮雕、浮雕、印纽、镂空、薄意和镶嵌等。根据石料的形状、色彩等特点进行构思，使精湛的工艺和寿山石的自然色相融为一体。

和合二仙

石种：寿山芙蓉石

尺寸：7cm×5cm×18cm

参考价：6 万 ~8 万元

母子情

石种：寿山芙蓉石

尺寸：2cm×2cm×10cm

参考价：3.8 万 ~4 万元

成因

寿山石是一种隐晶质块状矿石，是长石类矿物被酸性火山岩侵蚀后发生质变的产物，其矿物成分以地开石、高岭石为主，叶蜡石次之。

分类

福州市北郊与连江、罗源交界处的“金三角”地带是寿山石的主要分布区，其矿区开采比较早，已经有 1500 年的采掘历史，矿石品种繁多，达到数十种。寿山石因产地不同可以分为田坑石、水坑石和山坑石三种，分别指产于水田、山涧、山头的矿石。

1. 水坑石

又称为坑头石，指的是产于寿山村东南的坑头山麓矿脉中的寿山石，是寿山石中各种晶冻石的荟萃，水晶冻、黄冻、天蓝冻、鱼脑冻、牛角冻、鳝鱼冻、环冻、坑头冻及掘性坑头等是水坑石的主要品种，色泽多黄、白、灰、蓝诸色。

水坑石深藏于终年积水的坑洞之中，其主要产地是坑头洞和水晶洞两个矿洞。由于水晶和坑头两洞所处位置山势险峻，终年积水，加上矿层稀薄，所以产石具有“产区小”“产量小”“块头小”的三“小”特点，多数已经绝产，故而十分名贵，石质佳者更是罕见。

水坑石产地的地下水非常丰富，矿石长期受地下水的浸泡、侵蚀，因而透明度较好，凝腻而富有光泽。品质不如田坑石，却胜于山坑石。

鸿运当头

石种：寿山芙蓉石

尺寸：2.1cm×2.1cm×9.2cm

参考价：1.8 万 ~1.9 万元

童子拜寿

石种：寿山芙蓉石

尺寸： 15cm×4cm×14cm

参考价：15 万 ~20 万元

踏雪寻梅

石种：寿山芙蓉石

尺寸： 20cm×7cm×20cm

参考价：20 万 ~30 万元

2. 田坑石

田坑石是产于寿山溪旁水田底的寿山石。按照色泽分类，一般可以分为田黄石、红田石、白田石、灰田石、黑田石、花田石、硬田石、溪管田石、搁溜田石。其中，黄色的田坑石称“田黄石”，“熟透”的田黄冻是寿山石中的极品。另外，牛蛋黄田石、寺坪田石、溪蛋田石、芦荫田石等与田坑石类十分相像，所以在分类的时候也将它们列入田坑石中。

田坑石产地可以分为上坂、中坂和下坂三个地段。靠寿山溪上游的地区叫上坂，由于上游水源比较好，出产的田坑石石质通透，颜色微黄，光泽明亮；位于寿山溪中间部分的叫中坂，产出的田坑石石质温润清亮，色泽浓重，石中的萝卜纹清晰；坑尾一带是下坂，缺乏冲水性，石质透明度低，大多数是桐油色、暗赭色，纹理比较粗。

一生清廉

石种：寿山芙蓉结晶

尺寸：7cm×2cm×9cm

参考价：4.5 万 ~5 万元

佛手

石种：寿山桃花

尺寸：3cm×2cm×7cm

参考价：3 万 ~4 万元

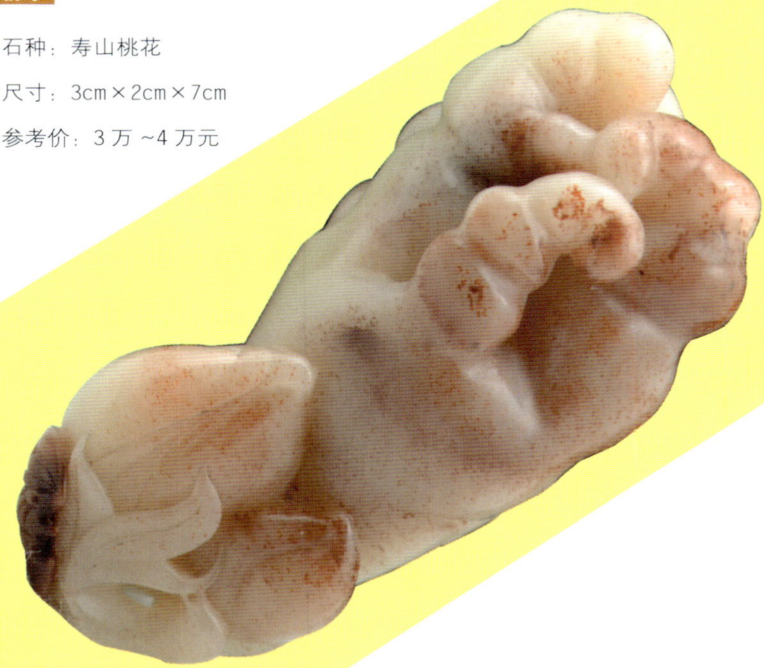

田黄石有广义和狭义之分：广义的田黄石是指“田坑石”，狭义的田黄石是指田坑石中的黄色石头。田坑石中最常见最具代表性的是田黄石，田黄石外形多呈卵石状，没有明显的棱角，石皮微透明，具有油脂光泽，细腻润滑，在紫外灯下，发的是乳白色荧光。通常来说，除了少数田黄石外表无石皮外，通常都有皮层包裹，或厚或薄，或全裹，或稀疏挂皮，形态变幻无常，颜色由表皮向里层逐渐转淡，乃至泛白。这种色彩的变化规律在块头大的田黄石上尤为明显。

田黄石又可以细分为田黄冻石、金裹银田石、枇杷黄田石、橘皮红田石、黄金黄田石、熟栗黄田石、桐油黄田石、桂花黄田石。其中，田黄冻石是一种极其通透、澄澈的石头，色如碎蛋黄，十分稀少；黄金黄田石、橘皮黄田石为上品；枇杷黄、桂花黄次之；桐油黄是下品。田黄冻石、金裹银、橘皮红、黄金黄、枇杷黄、桂花黄等大多产于中坂。

笑纳天下

石种：寿山杜林

尺寸：6cm×2.8cm×6cm

参考价：8 万 ~10 万元

踏雪寻梅

石种：寿山芙蓉石

尺寸：7cm×2cm×9cm

参考价：1.2 万 ~1.5 万元

在田坑石中，较为珍贵的有以下几种：

（1）白田石

白田石指的是产于上、中坂的色白田坑石，质地细腻，微透明，石色有的是纯白，有的白中透着淡黄色或淡青色。有一种外裹黄色层、内为白色的白田石俗称“金裹银”，产量极少，十分罕见。白田石似羊脂玉，萝卜纹明显，有红筋，格纹如血缕，石皮温润，越往里层颜色越淡而纹理越明显。石品以通灵、纹细、少格者为佳，质地与优质田黄石不相上下。

螭龙

石种：寿山五彩芙蓉石

尺寸： 4cm×2cm×5cm

参考价：2 万 ~3 万元

（2）红田石

红田石是田坑石中的珍品，又名橘皮红田石，其色红中略带橙黄，如同熟透的橘子皮，鲜艳通明，是极罕见质洁色纯者。其色不是天然所固有的，而是烧草积肥等人为原因，使土层中埋藏的田黄石受到高温影响，表皮二氧化铁发生化学变化，形成红色层。

（3）花田石

花田石又称为“五彩田黄石”，指的是红、黄、青等杂色相间的田坑石，具有田坑石的石皮和萝卜纹，但是色彩更为缤纷。

（4）灰田石

灰田石是田坑石中色呈浅灰或深灰者，石质通灵透明，萝卜纹清晰可见，大多数都有黑点掺杂于其中，而且泛赭黄色。

纵横四海

石种：牛角冻石

尺寸： 7cm×4cm×9.5cm

参考价：15 万 ~20 万元

（5）黑田石

黑田石指的是颜色纯黑或黑中带赭黄的田坑石，其石质细嫩，富有光泽，肌理的萝卜纹多呈流水状，大多数都产于下坂及铁头岭一带。乌鸦皮田石和蛤蟆皮田石是黑田石中名贵的品种，因其石皮像乌鸦色和蛤蟆皮肤而得名。

3. 山坑石

山坑石是寿山石的一大类，种类繁多复杂，开采历史悠久。除了田坑、水坑之外，各山系矿洞所产的寿山石材统称为山坑石。山坑石主要产于寿山、月洋两个山村，高山各洞所产的矿石，洞洞有特色，色彩有变化，石质有优劣，根据色泽、纹理和质地的不同特征而取名。

指日高升博意章

石种：寿山高山朱砂

尺寸：4cm×2cm×15.3cm

参考价：1.2 万 ~1.5 万元

山坑石的分类方式有很多，常用的方法是将其分为高山石类、都灵坑类、月尾石类等。此外还可以根据矿脉分为高山矿脉、都灵坑矿脉、善伯洞矿脉、旗降山矿脉、加良山矿脉。

花开富贵

石种：寿山芙蓉石

尺寸：7.8cm×1.6cm×7.5cm

参考价：20 万 ~30 万元

奥运玉龙

石种：高山石

尺寸：23cm×5cm×14cm

参考价：35万~50万元

高山石大多数产于寿山村南面的高山峰，高山矿脉是高山石的主要产地，一共有三十多种。高山石颜色丰富艳丽，色泽呈规则分布，通澈透明。高山矿脉的寿山石石种最多，藏量最大，开采最早，质地洁净。

都灵坑矿脉是高山东北两千米处都灵山涧中的一个矿脉，又被称为杜陵坑。都灵坑矿脉产出的寿山石结晶性比较强，透明度高，质地坚硬，肌理常有并列的弯曲条纹和灰色的石皮或色斑。

在寿山村东南面、都灵山临溪处，与都灵坑山隔溪相望，同月尾山相邻的是善伯洞矿脉。其之所以叫善伯洞，是因为相传清咸丰、同治年间，石农善伯在此采石，洞塌身亡，后人在此得到色泽绝佳的寿山石。善伯洞石外观特征与都灵坑矿脉各品种相接近，质地晶莹、蜡性较强，为半透明

山里人家

石种：结晶芙蓉石

尺寸：10cm×4cm×12cm

参考价：40 万元

或微透明状，富有光泽。色彩丰富，有黄、红、灰、白、紫、黑等色。单色或者多色交融，色界非常分明。善伯洞开采历史已有百余年，每个时期出产的石质多不相同，根据开采时间不同可以分为老性善伯、新性善伯、善伯尾三种品目。

在猴柴礵山东面的旗降山（原名奇艮山），山坑类中的一个著名的寿山石产地旗降山矿脉就位于此。这里所产石质地坚实纯洁，色彩艳丽，富有光泽，且多为数色相间，各色之间界限分明，深得藏家喜欢。旗降石共有 9 个品种，常以色相来细分。

踏雪寻梅

石种：寿山芙蓉石

尺寸：13cm×3cm×13cm

参考价：6500~7000 元

在寿山村东南方的加良山（又叫月洋山），以其为中心的周围山峰是著名的寿山石矿脉，叫加良山矿脉，所产矿石属月洋系石。月洋系石现在已经开采出了芙蓉石和峨眉石两大类，一共 15 个寿山石品种，最有名的是芙蓉石。芙蓉石石质细嫩，以纯洁藕尖白者最为珍贵。

昌化鸡血石

昌化石质地温润，是制印良材，也可用它制成精美的雕琢摆件。因朱砂

素章

石种：白玉底鸡血

尺寸：2.4cm×2.4cm×7.6cm

参考价：10 万 ~11 万元

渗染了昌化石的部分石体，所以形成了罕有珍奇的“鸡血石”。昌化鸡血石是我国特有的极其名贵的印石材料，其颜色艳如鸡血，石质光洁细腻，它的美丽并不逊于任何珠宝玉石，一直深受世人青睐。昌化鸡血石的主要产地是浙江省临安市昌化玉岩山。

成因

低温热液矿床、火山岩或热泉沉积矿辰砂条带的头尾及边缘地带出产昌化鸡血石，辰砂、石英、方解石、辉锑矿、地开石、高岭石、白云石等是其主要矿物成分，形成于侏罗纪后期，产量稀少。鸡血石由“地”和“血”两部分组成。地就是鸡血石中的基质，黏土矿物中的地开石或高岭石为其主要成分，以白、黄、灰等颜色为主。血就是鸡血石中深浅不同的血色，由于辰砂在高岭石和地开石间不断渗透产生了血色。人们通常以地的不同颜色和质地来为鸡血石划分种类。

素章

石种：藕粉地鸡血

尺寸：2.3cm×2.3cm×7.8cm

参考价：8 万 ~9 万元

素章

石种：水草鸡血石

尺寸：2.2cm × 2.2cm × 7.1cm

参考价：8 万 ~8.5 万元

素章

石种：天地鸡血

尺寸：2.3cm × 2.3cm × 8.6cm

参考价：160 万 ~165 万元

特点

鸡血石具有蜡状光泽、油脂光泽、玻璃光泽的特点，通常是微透明至半透明，偶尔有透明的。折射率 1.561~1.564，摩氏硬度 2.5~3 度，性较坚韧，密度 2.7 ～ 3 克 / 立方厘米。鸡血石一般呈块状，色块为斑状或水滴状。

分类

鸡血石有很多品类，我们按“地”的质地、光泽、透明度、硬度等方面的差异，将鸡血石分为冻地、软地、刚地和硬地四大类，共计 100 多个小类。

1. 冻地鸡血石

冻地鸡血石是昌化鸡血石中最名贵的品种。地开石、高岭石为

鸡血石的血色鉴赏

鸡血石的血色有四个鉴赏标准，分别是颜色、血形、血量、浓度。颜色中鲜红最佳，大红次之，暗红最差。鸡血石血形多样，有块状、条状、梅花状、云雾状及点状等。块血一般不按规律分布；条血的分布有一定规律；梅花血就像开放的梅花一般，星星点点的红色漫布于石体表面；云雾血是指血形如浮云。血形越奇特价值越高。血量是指鸡血部分与石整体的百分比，质量较好的通常血量比重大于 30%，血量大于 50% 者为珍品，大于 70% 者堪称一绝。红色的聚散程度就是浓度，浓度可分为浓、清、散三级，其中浓血最佳，清血次之，散血最差。

素章

石种：白玉地鸡血

尺寸：2.4cm×2.4cm×8.6cm

参考价：45 万 ~48 万元

冻地鸡血石的主要组成成分，其蜡状光泽强烈，微透明至半透明，摩氏硬度 2~3 度。从古至今，冻地鸡血石经常被用来制印或是雕成工艺品，很多雕件名品都是用此类石种雕成的。冻地鸡血石又可以细分为牛角冻、田黄冻、银灰冻、肉糕冻、玛瑙冻、羊脂冻、桃红冻、玻璃冻、芙蓉冻、朱砂冻、五彩冻、豆青冻等。还可以依据其颜色将冻地鸡血石分为单色冻和杂色冻。以单色冻为上品，如羊脂冻、牛角冻等。还有黄色、半透明的“田黄冻”和呈灰色、半透明的“藕粉冻”品相也很好。

2. 软地鸡血石

地开石、高岭石、明矾石等是软地鸡血石的主要成分，蜡状光泽偏弱，微透明或不透明。软地鸡血石质地较软，色彩丰富，不同的血色、血形互相搭配成精美奇妙的图案。软地鸡血石可细分为单色软地、杂色软地。软地鸡血石是鸡血石中最为常见的一类，约占总量的 70%。

素章

石种：鸡血石

尺寸：2.5cm×2.5cm×8.5cm

参考价：15 万 ~16 万元

鸡血石的历史

最早关于昌化鸡血石开采利用的朝代是元代。到了明清时期，人们开始广泛利用昌化鸡血石。皇亲贵族及文人雅士常用鸡血石做印章，特别是清朝，皇家酷爱鸡血石印章，因此它还有个别称叫作"帝石"。清代康熙、乾隆、咸丰、同治、宣统皇帝的玺都是鸡血石的，毛泽东主席也曾经用过昌化鸡血石印章。1972 年 9 月，日本前首相田中角荣访华时，周恩来总理以一对昌化鸡血石印章作为国礼赠田中首相，这对印章被命名为"红云图"。1984 年，美国前总统里根访华，中方曾赠送了对方一方澄澈的昌化冻彩石方章。

素章

石种：彩霞红鸡血

尺寸：2.1cm×2.1cm×7.7cm

参考价：13 万 ~14 万元

3. 刚地鸡血石

刚地鸡血石俗称“刚板”，是由地开石、高岭石、明矾石经后期硅化形成的，它的颜色主要是褐黄、粉红色，微透明。摩氏硬度为3~5度者我们叫其“软刚板”；大于5度者叫“硬刚板”，易断裂。属中低档石料。

4. 硬地鸡血石

硬地鸡血石，俗称“硬货”，由硅化凝灰岩构成，一般是灰、白色，摩氏硬度7度。属中低档石料。

素章

石种：鸡血石

尺寸：3.2cm×3.2cm×8.5cm

参考价：18万~20万元

后　记

古人云："山无石不奇，水无石不清，园无石不秀，室无石不雅。"可见从古至今，观赏石一直备受世人青睐。观赏石是最具沧桑的古物，是大自然赐予人类的瑰宝，是充满魅力的装饰品，是文化的载体，它丰富的文化特质，日益受到收藏界的关注与追捧。

人类生存在地球家园，石头和我们息息相关。石头筑就了锦绣大地，凝聚了山川灵气，奉献出金玉宝藏，养育着万物生灵。观赏石集丰富的科学内涵、深厚的文化底蕴、珍奇的美学特性于一身，具有很高的鉴赏收藏价值。因此，如今观赏石收藏变得愈加火热，越来越多的人加入观赏石收藏队伍，观赏石价格不断飙升。观赏石行业繁荣的同时，也衍生出了一些问题。一些不法商贩，在利益的驱使下制假造假，给观赏石收藏和鉴赏带来了很多麻烦。

要想更好地收藏观赏石，就要对其有更多的了解。鉴于此，我们编著了此书。为了保证图书的严谨性和专业性，我们特意走访了一些专业经营观赏石的机构。这些专业人士为我们讲解了许多观赏石的知识，并提供了大量精美图片。在此，要衷心感谢保定保石府中华奇石馆的刘宝特先生、天津古玩城大隐堂的牟超先生、保定力高古玩市场润石斋的田润玲女士及众多石友的大力支持，正是因为有了他们的鼎力相助，本书才得以付梓。我们还要感谢所有为本书的出版提供帮助的朋友。

希望此书能切实地帮助广大观赏石收藏爱好者，在收藏、赏玩观赏石的道路上感受到文化的滋养，享受到收获的快慰。

● 总 策 划

王丙杰　贾振明

● 责任编辑

张杰楠

● 排版制作

腾飞文化

● 编 委 会（排序不分先后）

玮　珏　苏　易　肖　斌

白　羽　陆一航　姜　宁

白若雯　田　源　孟俊炜

● 责任校对

姜菡筱　宣　慧

● 版式设计

安雅婷

● 图片提供

牟　超　刘宝特

天津古玩城大隐堂

保定保石府中华奇石馆